Neue Hochzeitsspiele

urania

Bellina Liebenow

Neue Hochzeitsspiele

**100 Ideen vom Polterabend
bis zum großen Fest**

Zum Thema bereits erschienen:

**Sarah Manson,
Ailsa Petchey**
Heiraten!
Alles, was Ihren
großen Tag noch
schöner macht
ISBN 3-332-01383-1

**Maya Hasenbeck,
Eckart Bücken**
Unser Hochzeitsalbum
IsBN 3-332-01294-0

Andrea Klein
So gelingt Ihre
Hochzeitszeitung
ISBN 3-332-01333-5

Mechthild Aderholz
Der perfekte
Hochzeitsplaner
ISBN 3-332-01335-1

Susanne Helmold
Dekorationen
zur Hochzeit
ISBN 3-332-01392-0

Antje Dohrn
Lustige Sketche für
Familienfeste
ISBN 3-332-01246-0

Antje Dohrn
So wird die
Hochzeitsfeier zur Party
ISBN 3-332-0299-1

Ingeborg Düffert
Spiel und Spaß für
Hochzeitsfeiern
ISBN 3-332-01287-8

Ingeborg Düffert
Kleines Vortragsbuch
für Familienfeste
ISBN 3-332-01384-X

Sigrid Liebelt
Neue Glückwunschverse
für die Hochzeit
ISBN 3-332-01388-2

Gerald Drews
Festreden
Von der Geburt bis zum
100. Geburtstag
ISBN 3-332-01289-4

Elke Müller-Mees
Kindersketche für
Familienfeste
ISBN 3-332-01298-3

Rudolf Geiser
Neue Sketche
für die Party
ISBN 3-332-01389-0

Die Autorin: Bellina Liebenow, Jahrgang 1969, ist Bankkauffrau in Berlin und seit Jahren als Gast und Gastgeberin zur »Anlaufstelle« für witzige und originelle Beiträge zur Festgestaltung geworden. Für den Urania Verlag schrieb sie die erfolgreichen Ratgeber »Glückwunschverse zum Geburtstag« und »Blumenverse für Verliebte«.

Bibliografische Information Der Deutschen Bibliothek
Die Deutsche Bibliothek verzeichnet diese Publikation in der Deutschen Nationalbibliografie; detaillierte bibliografische Daten sind im Internet über http://dnb.ddb.de abrufbar.

www.dornier-verlage.de
www.urania-verlag.de

2. Auflage Juni 2003
© Urania Verlag, Berlin
Der Urania Verlag ist ein Unternehmen der Verlagsgruppe Dornier.

Umschlaggestaltung: P. Agentur für Markengestaltung, Hamburg
Titelfoto: Nino Gehrig
Redaktion: Dr. Marianne Jabs
Satz: AS Typo & Grafik, Berlin
Druck: Westermann Druck Zwickau
Printed in Germany

Gedruckt auf alterungsbeständigem Papier mit chlorfrei gebleichtem Zellstoff.

ISBN 3-332-01393-9

Liebe Leserin, lieber Leser ...

Eine Hochzeit ist ein wunderbarer Tag im Leben eines Paares und soll mit einem unvergesslichen Fest in Erinnerung bleiben. Heute werden Hochzeiten wieder größer und aufwändiger gefeiert als noch vor einigen Jahren. Der Kreis der Gäste beschränkt sich oftmals nicht auf die Familie, sondern auch Freunde werden gerne mit eingeladen.
Die Feierlichkeiten sind längst nicht mehr so steif wie früher, und wie die altbekannte Hochzeitszeitung gehören jetzt Spiele und liebe Aufmerksamkeiten für das Brautpaar zum Programm.

Wenn auch Sie zur Ausgestaltung eines Hochzeitsfestes oder eines Polterabends beitragen möchten, bietet Ihnen dieses Buch viele Tipps und Ideen.
Wie bereitet man Spiele vor und bringt sie im richtigen Moment bei den Gästen an? Wie werden für das Brautpaar liebenswerte Erinnerungen zusammengestellt? Oder: Welche Aktivitäten eignen sich für Gesellschaften, in denen sich die Gäste kaum kennen? Auf diese Fragen gibt Ihnen mein Buch die Antwort. Gleichzeitig finden Sie zu jedem Programmpunkt eine Planungshilfe, die Auskunft über den Aufwand gibt und Ihnen die Vorbereitung erleichtert.

Viel Spaß beim Feiern wünscht Ihnen
Ihre Bellina Liebenow

10 goldene Regeln

1 Die Ideen müssen zum Stil der Feier passen.

Wählen Sie die Spiele nach dem Rahmen der Feier aus. Für einen Polterabend eignen sich eher aktive Spiele als für die elegantere Hochzeitsfeier, bei der vielleicht ein Tanzspiel, ein gemeinsames Lied oder ruhigere Spiele angebracht ist.
Sehen Sie sich idealerweise die Lokalitäten vorher an, um eine Auswahl zu treffen.

2 Die Aktivitäten müssen zum Brautpaar und zu den Gästen passen.

Wie viel Spaß versteht das Brautpaar? Nichts ist schlimmer, als wenn sich jemand auf den Schlips getreten fühlt und ein Spiel oder eine Frage in einem Streit zwischen den Brautleuten mündet.
Richten Sie sich ebenfalls ein wenig nach dem Alter bzw. der Aktivität und Mobilität der Gäste.

3 Stimmen Sie sich vorher mit der Familie bzw. anderen Gästen ab.

Es ist ärgerlich, wenn zwei verschiedene Gruppen das gleiche Spiel vorbereitet haben oder zu viele Aktivitäten eine Feier überladen. Denken Sie daran, dass in der Regel auch noch Reden gehalten werden.

4 Bereiten Sie alles rechtzeitig vor dem Fest vor.

Am meisten Spaß macht die Vorbereitung der Hochzeit oder des Polterabends in der Gruppe. Suchen Sie nach Möglichkeit eine homogene Gruppe von Freunden oder Verwandten sowohl der Braut als auch des Bräutigams. Vereinbaren Sie am besten ein paar gemeinsame Termine, wo Grundsätzliches besprochen wird und Aufgaben verteilt werden können.
Spiele sollten gut vorbereitet werden. Wenn Sie auf der Feier erst Ihr Material zusammensuchen müssen, werden die anderen Gäste leicht ungeduldig.
Denken Sie auch daran, Liedtexte in ausreichender Zahl vorher zu kopieren.

5 Sprechen Sie sich mit dem Diskjockey/der Kapelle ab.

Für viele Spiele benötigen Sie musikalische Untermalung. Klären Sie mit den Musikern spätestens zu Beginn der Feier, wann und in welcher Form Sie ihre Unterstützung brauchen. Zu Ihrem Auftritt gehört z. B. meistens ein Tusch! Wenn Sie spezielle Musikwünsche haben, sollten Sie bereits vor der Feier mit den Musikern Kontakt aufnehmen.

6 Passen Sie den richtigen Moment ab – Spiele sollen keine Stimmung töten.

Setzen Sie sich nicht unter Zwang, dass Sie all Ihre Spiele unbedingt an den Mann bringen müssen! Schlagen Sie nie ein Spiel vor, wenn die Stimmung gerade auf dem Höhepunkt ist und Sie mit Gewalt alle Gäste von der Tanzfläche vertreiben müssten. Tanzspiele eignen sich gut für die Zeit nach dem Essen oder einer Rede, wenn alle müde auf den Stühlen sitzen. Falls die Festgesellschaft während der gesamten Feier Andenken für das Brautpaar basteln soll, verkünden Sie das bitte bereits zu Beginn der Feier.

7 Suchen Sie sich eine geeignete »Bühne«.

Damit alle Gäste das Geschehen verfolgen können, gehören Sie und die anderen Akteure an einem zentralen und gut sichtbaren Platz. Sonst laufen Sie Gefahr, dass sich Ihr Publikum abwendet, weil es nichts sieht.

8 Moderieren Sie alle Spiele und sagen Sie alle Aktivitäten vorher an.

Durch eine launige Einleitung wecken Sie die Neugier Ihrer Gäste. Sagen Sie kurz, was Sie vorhaben, und bitten Sie dann die Beteiligten (Brautpaar, Kandidaten) zu sich auf die Bühne. Erklären Sie knapp den Spielablauf und die Regeln. Lassen Sie sich bei der Durchführung eines Spiels assistieren, damit Sie den Kopf für die Moderation frei haben. Während des Spiels sollten Sie bzw. Ihre Helfer die Zwischenstände ansagen oder das Ganze durch ein paar ungezwungene Sprüche auflockern. So sichern Sie sich die Aufmerksamkeit der anderen Gäste bis zum Abschluss des Spiels.

9 **Benutzen Sie ein Mikrofon.**

Es gibt nichts Schlimmeres, als wenn die Zuschauer nichts verstehen können und sich anderweitig unterhalten. Moderieren Sie daher – wenn möglich – immer mit Mikrofon. Wenn Musiker für die Feier engagiert wurden, können Sie sie wegen der Benutzung rechtzeitig ansprechen.
Sollte kein Mikrofon zur Verfügung stehen, sprechen Sie laut und deutlich und immer in Richtung der größten Gästegruppe.

10 **Zwingen Sie niemanden mitzuspielen.**

Für die Auswahl der Kandidaten finden Sie auf S. 39–45 einige Anregungen.
Sollte trotzdem der eine oder andere partout nicht mitspielen wollen, nehmen Sie schnell einen anderen Kandidaten. Spielen soll Spaß machen.

Der Junggesellenabschied

Der Junggesellenabschied ist von alters
her eine willkommene Möglichkeit für die
Unvermählten, noch mal so richtig auf
den Putz zu hauen.
Organisiert wurde dieses Ereignis früher
von guten Freunden des Ehemannes.
Aber warum sollen nicht auch die
Freundinnen der Braut einen Abschieds-
abend vor der Ehe veranstalten?
So ein Abend kann ein mehr oder weniger
alkoholischer Streifzug durch Kneipen
und Gaststätten sein. Er kann aber auch
ganz anders ablaufen – lassen Sie sich
überraschen!

So laden Sie zum Junggesellenabschied ein

Schön ist es, wenn Braut und Bräutigam am gleichen Tag ihren Junggesellenabschied feiern, damit keiner allein zu Hause sitzt. Am besten sprechen die Freundinnen der Braut und die Freunde des Bräutigams sich ab und legen einen Termin fest. Der Junggesellenabschied muss auch nicht unbedingt am Abend vor der Trauung stattfinden. Viel entspannter können es alle angehen, wenn dieser Termin ca. eine Woche vor der Hochzeit stattfindet.

Überraschungseinladung

Für diese Art der Einladung sollte das Brautpaar spontan sein!

Braut/Bräutigam werden pro forma zu einer ganz anderen Aktivität gebeten, z. B. zu einem Bowlingabend oder Kinobesuch. Oder man fragt, ob sie beim Renovieren helfen, das Brautkleid anprobieren o. Ä. Auf jeden Fall kommen sie dann zum vereinbarten Ort – und haben keine Ahnung vom bevorstehenden Junggesellenabschied.

Anonyme Einladung

Ein besonders großer Spaß ist die heimliche Aufzeichnung der Aktion mit der Videokamera – denn dann haben alle gemeinsam noch etwas zum Lachen!

Schicken Sie rechtzeitig vor dem geplanten Termin einen Brief ab, in dem der Braut/dem Bräutigam lediglich ein Termin und ein Treffpunkt, vielleicht auch ein Hinweis auf die passende Kleidung mitgeteilt wird. Unterschrieben ist die Einladung nur allgemein von »den Freunden« oder »den Freundinnen«. Bei dieser Art der Einladung hat das Brautpaar enorme Spannung und Neugierde zu ertragen, da es nicht wissen kann, was an dem Abend passiert und wer eigentlich dabei ist. Die Freunde wissen natürlich im Vorfeld alle von rein gar nichts ... Eine etwas gemeine – aber im Nachhinein sehr lustige – Aktion ist zum Beispiel, der Braut/dem Bräutigam mit der Einladung ein Erkennungszeichen (z. B. eine rote Rose) zu schicken und sie/ihn zu einer bestimmten Uhrzeit an einen öffentlichen Platz zu bestellen.

Nach einer kleinen Wartezeit wird dann das Opfer von einer scheinbar fremden Person (für die Braut ein gutaussehender Mann, für den Bräutigam eine schicke Frau) angesprochen und auf einen Kaffee oder ein Bier eingeladen. Die fremde Person versucht alles, um ihr Opfer in eine Bar zu lotsen, wo die restlichen Freunde alle schon mit großem Hallo warten.

Zur Sicherheit sollte die dritte Person eine Art »Freibrief« erhalten, der das Opfer in jedem Fall von der Harmlosigkeit der Angelegenheit überzeugt.

Förmliche Einladung

Sprechen Sie eine richtig förmliche Einladung aus, damit sich Braut/Bräutigam gedanklich auf den Tag einstellen können. Damit machen Sie bestimmt nichts falsch. Diese Form empfiehlt sich daher für alle Fälle, in denen Sie Braut und Bräutigam nicht sooo gut kennen.

Das Outfit als Motto

Seriös in Schwarz?
Oder alle in
Lederhosen?

Besonders lustig ist es, wenn Sie den Junggesellenabschied
unter ein bestimmtes Motto stellen und sich alle danach klei-
den. Sie werden bestimmt überall Aufsehen erregen, wenn alle
einheitlich »kostümiert« erscheinen, z. B. alle Männer in dunklen Anzügen oder Krachlederhosen. Die Frauen könnten im
kleinen Schwarzen oder im einheitlich bedruckten T-Shirt
auftreten.
Braut oder Bräutigam sollten ggf. vorab informiert werden,
oder Sie halten entsprechende Utensilien bereit.
Sie können sich zum Beispiel auch alle ein Lebkuchenherz
umhängen oder ein großes Schild auf den Rücken kleben mit
der Aufschrift: »Heute ist Jan noch zu haben ...«. Der
Bräutigam Jan muss dann natürlich ein Schild mit seinem
Namen tragen.

T-Shirt-Trophäe

Lassen Sie ein T-Shirt mit der Aufschrift »Junggesellenabschied
von ...« drucken, und schenken Sie es dem Bräutigam bzw. der
Braut als Ausgehdress. Lassen Sie bei den anschließenden
Aktivitäten möglichst viele fremde Frauen (für den Bräutigam)
bzw. Männer (für die Braut) auf dem T-Shirt unterschreiben.

In der Spielbank

Gehen Sie gemeinsam in die Spielbank und schenken Sie der
Braut/dem Bräutigam einige Jetons. Die Jetons müssen nun frei
nach dem Sprichwort »Pech im Spiel – Glück in der Liebe«
verspielt werden.

Ein außergewöhnlicher Cocktail

**Die Braut wird
große Augen
machen ...**

Sprechen Sie sich im Vorfeld mit einer Cocktailbar ab, dass ein von Ihnen gestaltetes Extra-Blatt in die normale Cocktailkarte gelegt wird. Dieser spezielle Cocktail kann zum Beispiel den Namen »Brittas letzter Trunk vor der Eheschließung« tragen.

Zigarren der besonderen Sorte

Sprechen Sie sich im Vorfeld mit einer Zigarrenbar ab, dass analog zum außergewöhnlichen Cocktail eine Zigarre mit dem Namen des Bräutigams tituliert wird.

Ballhaus

Besuchen Sie mit Braut oder Bräutigam ein altes Ballhaus mit Tischtelefonen. Wenn das Telefon läutet, ist natürlich klar, wer den Hörer abheben muss.

Karaoke

Gehen Sie gemeinsam in eine Karaoke-Bar. Singen Sie gemeinsam oder auch alleine zum Beispiel das Lied: »Ich will keine Schokolade, ich will lieber einen Mann ...« oder »Siebzehn Jahr, blondes Haar ...«

Eine Nacht im Hotel

Echt spannend, dieses Vorhaben!

Wenn Sie den Junggesellenabschied für Braut und Bräutigam am gleichen Abend organisiert haben, schenken Sie den beiden zum Abschluss des Abends eine gemeinsame Übernachtung in einem Hotel.

Der besondere Clou ist, dass die beiden Hauptpersonen davon natürlich nichts ahnen.

Verabreden Sie eine feste Zeit, zu der die Männer mit dem Bräutigam im Hotel eintreffen und in das gebuchte Zimmer gehen. Sagen Sie dem Bräutigam, dass ein leichtes Mädchen zum Ausklang der Junggesellenzeit für ihn bestellt sei und gleich eintreffen wird.

Die Frauen treffen ca. eine halbe Stunde später mit der Braut am Hotel ein. Der Braut wird ein extra bestellter heißer Männerstrip auf dem Hotelzimmer versprochen.

Es wird eine große Überraschung (und vielleicht auch Erleichterung!) an der Zimmertür geben, wenn sich plötzlich Braut und Bräutigam gegenüberstehen. Gemeinsam mit Freunden und Freundinnen des Brautpaars klingt der Abend harmonisch aus.

Lustige Spiele für den Polterabend

Beim Polterabend geht es in der Regel sehr fröhlich und ausgelassen zu. Oft sind hier mehr Gäste geladen als zur eigentlichen Hochzeit, und auch Überraschungsgäste stellen sich gerne ein.

So darf es bei den Spielen ruhig etwas turbulenter zugehen. Aktivitäten, die sich an Film und Fernsehen orientieren, sind meist einfach zu erklären, da die Regeln vielen Gästen schon bekannt sind.

Bekannt aus Film und Fernsehen

Wer wird Liebes-Millionär?

Material:
- drei Joker aus Pappe
- Flipchart mit Papier
- dicke Filzschreiber
- Kärtchen mit vorbereiteten Fragen
- buntes Konfetti

Vorbereitung:
Stellen Sie zwölf Fragen mit jeweils vier Antworten (eine richtige, drei falsche) zum Thema Liebe, Hochzeit und Ehe zusammen. Schreiben Sie die vier Antwortmöglichkeiten pro Frage auf ein Flipchartblatt.
Beispiel für Fragen und Antworten (die richtigen Antworten sind fett gedruckt):

Eine Million
Woher kommt der Name und die Bedeutung des Valentinstages?
a) vom Bischof Valentin, der heimlich Paare traute
b) von der heiligen Valentina, die sich für die arme Bevölkerung im Mittelalter aufopferte
c) vom englischen Wort »valentine«, was Liebling bedeutet
d) von den Lebkuchenherzen auf dem Rummel

500.000
Wie oft schlägt das menschliche Herz durchschnittlich pro Minute?
a) 20-mal
b) 50-mal
c) 70-mal
d) 100-mal

250.000
Kirchengeläut zur Hochzeit ist schön, aber wo hängt die größte Glocke der Welt?
a) Wien
b) Köln
c) Moskau
d) Rom

125.000 *Woher stammt das Wort »Flitterwochen«?*

a) **Vom Wort »vlittern«, was soviel wie kichern, liebkosen, küssen bedeutet**

b) Von dem altem Brauch, das Brautpaar vor der Abreise mit vielen Glitzerbändern zu behängen.

c) Aus dem Englischen, wo »to flitter« so viel wie »das Glück genießen« bedeutet.

d) Aus dem Holländischen, da dort sehr viele Frauen schon während der Hochzeitsreise schwanger werden.

65.000 *Wie kann man den Umfang eines Eheringes errechnen?*

a) $a^2 + b^2 + c^2$

b) πr^2

c) Wurzel aus π

d) **$2\pi r$**

32.000 *Aus welcher Oper stammt das Lied »Wir winden dir den Jungfernkranz«?*

a) Die Zauberflöte

b) **Der Freischütz**

c) Tannhäuser

d) Der Ring des Nibelungen

16.000 *Wie hieß das Liebespaar im Film »Titanic«?*

a) Romeo und Julia

b) **Jack und Rose**

c) Leo und Claire

d) Richard und Kate

8.000   *Welche der folgende Worte in einer Fremdsprache bedeuten*
        <u>*nicht*</u> *»Ich liebe dich«?*
        a) Je t'aime.
        b) Como te jamas.
        c) I love you.
        d) Ti amo.

4.000   *Wann wird die diamantene Hochzeit gefeiert?*
        a) nach 15 Jahren
        b) nach 50 Jahren
        c) nach 60 Jahren
        d) nach 100 Jahren

2.000   *Welche Blume ist das Symbol der Liebe?*
        a) die Orchidee
        b) Vergissmeinicht
        c) die Rose
        d) die Lilie

1.000   *Was wird dem Brautpaar nach der Hochzeit als Glücksbringer*
        hinten ans Hochzeitsauto gebunden?
        a) Sandsäcke
        b) Luftschlangen
        c) Sektflaschen
        d) Konservenbüchsen

500   *Womit bewirft man das Brautpaar nach der Trauung?*
        a) mit Nudeln
        b) mit Reis
        c) mit Erbsen
        d) mit Linsen

Basteln Sie drei Joker aus Pappe:

- 50/50 Auswahl: Von vier Antworten werden zwei falsche gestrichen.
- Freund fragen: Der Kandidat darf einen Zuschauer um seine Meinung bitten.
- Zuschauerfrage: Die übrigen Gäste entscheiden sich durch Handzeichen zu den vier Antwortmöglichkeiten.

Durchführung:

Erklären Sie neben den Spielregeln auch die Bedeutung der Joker.

Das Brautpaar darf sich vor dem Beantworten der Fragen beratschlagen und erhält die drei Joker, die es jeweils nur einmal einsetzen darf.

Jetzt werden nacheinander die Fragen gestellt (erst die 500-er-Frage, dann die 1.000-er-Frage usw.), und Braut und Bräutigam müssen sich für eine Antwort entscheiden. Sind sie sich nicht sicher, dürfen sie einen oder mehrere Joker einsetzen. Der Spielleiter darf natürlich auch ein paar Tipps geben ...

Wird eine Frage falsch beantwortet, ist das Spiel zu Ende, und das Brautpaar bekommt seinen Gewinn auch sogleich in Form von Konfetti über den Köpfen ausgeschüttet!

Quiz 1, 2 oder 3

Material:

- vorbereitete Quizfragen
- Plakate mit Antworten
- Schilder mit den Ziffern 1, 2 und 3
- ein Auswertungsblatt oder drei große Glasvasen und Tennisbälle
- Klebeband oder Reißzwecken
- Taschenlampen
- ein selbst besungenes Tonband oder andere Musik
- Übersicht der richtigen Antworten für die Helfer
- einige Helfer für die Durchführung

Vorbereitung:
Bereiten Sie ca. 12 lustige Quizfragen mit jeweils drei möglichen Antworten vor. Die Fragen und Antworten sollten nicht zu leicht sein. Für jede Frage malen Sie ein großes Plakat, auf dem mit den Nummern 1, 2 und 3 die Antworten stehen.

Beispiele für Fragen und Antworten:
In welchem Baustil ist die Kirche, in der Anne und Matthias heute geheiratet haben, erbaut?
Antworten: 1. Gotik, 2. Barock, 3. Renaissance

Aus welchem Kapitel der Bibel stammt der Trauspruch des Brautpaares?
Antworten: 1. aus dem 123. Psalm, 2. aus dem 1. Korintherbrief, 3. aus der Apostelgeschichte

Das gemeinsame Hobby von unserem Brautpaar ist Tennis spielen. Was bedeutet der Begriff »Love« in einem Tennisturnier?
Antworten: 1. Die Spieler umarmen sich., 2. Null Punkte, 3. Der Ball war im Aus.

Nehmen Sie ein Tonband mit dem Lied aus der Kindersendung auf:
1, 2 oder 3,
du musst dich entscheiden.
Drei Felder sind frei.
Plopp – plopp, das heißt Stopp,
nur noch einen Hopp,
dann ist es vorbei.

Wenn Sie auf keine schlagkräftige Sängermannschaft zurück-
greifen können, wählen Sie ein anderes Lied aus, dass zum
Anlass passt.

Durchführung:
Hängen Sie das Plakat mit den Antworten zur ersten Frage und
das Auswertungsblatt gut sichtbar auf. Hängen Sie die drei
Schilder mit den Nummern nebeneinander an die Wand oder
kleben Sie sie an die Lehnen von drei Stühlen.
Wählen Sie zusätzlich zum Brautpaar zwei Kandidatenpaare,
sodass Sie insgesamt sechs Mitspieler haben.
Nun wird die erste Frage mit den drei Antwortmöglichkeiten
vorgelesen. Während nun das Lied abgespielt wird, müssen sich
die sechs Kandidaten, jeder für sich, für eine Antwort entscheiden. Sie laufen dabei vor den Schildern umher und müssen mit
dem Ausklingen der Musik vor einem der drei Schilder mit den
Ziffern 1, 2 oder 3 stehen bleiben.
Der Moderator gibt nun die Lösung bekannt: »Ob ihr recht
habt oder nicht – sagt euch gleich das Licht!« Die Helfer zeigen
mit den Taschenlampen auf das richtige Schild.
Für jede richtige Antwort erhält das Team einen Punkt. Das
heißt also maximal zwei Punkte pro Runde, wenn beide
Mitglieder eines Teams auf dem richtigen Feld standen.
So geht es Frage für Frage weiter, bis ein Team gewonnen hat.
Für den Fall, dass Sie nach der letzten Frage einen Gleichstand
von Punkten haben, sollten Sie eine Stichfrage vorbereitet
haben, bei der die Teams etwas schätzen müssen (z. B. Wie oft
schlägt ein menschliches Herz pro Tag?)

Dalli Klick

**Material (techni-
sche Variante):**

- 10 digitale Fotos
- Beamer
- Leinwand
- Laptop mit
  Präsentationssoftware,
  z. B. Power Point

Vorbereitung:
Überdecken Sie jedes Foto im Rahmen einer Präsentation mit mehreren schwarzen Feldern, sodass man zu Beginn nur einen ganz kleinen Teil des Fotos erkennen kann. Auf jeder folgenden Folie ist ein schwarzes Feld weniger zu sehen, bis schließlich das gesamte Foto zu erkennen ist.

**Material
(herkömmliche
Variante):**

- 10 Fotos (Großformat)
  oder Poster
- Pappe
- Stecknadeln oder
  Klebeband

Vorbereitung:
Befestigen Sie über dem Foto, wie oben beschrieben, mehrere Teile aus Pappe, die einzeln abnehmbar sein müssen.

Durchführung:
Wählen Sie drei Teams mit jeweils zwei Mitspielern aus. Während nach und nach die Präsentation abgespielt bzw. ein Abdeckfeld nach dem anderen von den Fotos genommen wird, müssen die Kandidaten erraten, was auf dem Bild zu sehen ist. Wird die richtige Lösung erraten, zählt jedes noch über dem Foto verbliebene Stück einen Punkt für das ratende Team.

Montagsmaler

Material:

- Flipchart mit Papier
- dicke Filzschreiber
- Stoppuhr
- Karteikarten zum Notieren der Begriffe

Beispiele für Begriffe:

- Hochzeitstag
- Liebling
- Standesamt
- Pfarrer
- Pampers
- Strapse
- Zitronenpresse
- Kartoffelschäler
- Wäschetrockner
- Margarine

Stellen Sie ein Team um die Braut und ein Team um den Bräutigam zusammen. Für jedes Team muss ein separater Satz Karten mit den zu malenden Begriffen (z. B. zehn Begriffe pro Team) vorbereitet werden. Jeder Spieler bekommt eine Karte, die er niemandem zeigen darf.

Nun ist das erste Team an der Reihe. Seine Mitglieder müssen nacheinander je einen Begriff am Flipchart zeichen, den die Angehörigen desselben Teams erraten müssen. Der Spielleiter notiert, wie lang die Ratezeit dauerte. Wenn ein Begriff gar nicht geraten wurde, schlägt er noch einmal z. B. 30 Sekunden auf.

Danach tritt das zweite Team an.

Das fixere Team hat gewonnen.

Sie können auch alle anderen Gäste mitraten lassen.

Begriffe raten

Material:

• vorbereitete Plakate
  oder Pappen

Vorbereitung:
Denken Sie sich viele zusammengesetzte Worte aus. Diese
Begriffe schreiben Sie gut lesbar auf die einzelnen Pappen.

Beispiele:
Herzens – brecher
Büsten – halter
Schürzen – jäger
Haus – drachen
Spring – maus
Frühstücks – ei
Koch – löffel
Sommer – kleid

Durchführung:
Lassen Sie die Brautleute ein anderes Paar auswählen, gegen
das sie bei diesem Spiel antreten. Die beiden Paare sollen jetzt
nacheinander die zusammengesetzten Begriffe raten, die die
Gäste pantomimisch vormachen.
Die Kandidaten sollten so platziert werden, dass sie alle Gäste
gut im Blickfeld haben. Hinter dem Kandidatenpaar werden
nun nacheinander die Pappen mit den von den Gästen vorzu-
machenden Begriffen hochgehalten. Lassen Sie entweder beide
Begriffe nacheinander vormachen, oder bitten Sie alle Frauen,
immer den ersten Begriff, und alle Männer, immer den zweiten
Teil darzustellen. Die Gäste sollten natürlich nichts vorsagen,
da sonst der Reiz des Spiels verloren geht.
Innerhalb einer vorher festgelegten Zeit sollen nun so viele
Begriffe wie möglich geraten werden. Das Paar mit den meisten
Treffern hat gewonnen.

Glücksrad

Material:
- Papier (Format DIN-A 4)
- dicke Filzstifte
- Sicherheitsnadeln
- So viele Helfer, wie ein Lösungswort Buchstaben hat

Vorbereitung:

Denken Sie sich einige zu erratene Lösungsworte aus (z. B. Flitterwochen, Hochzeitstorte, Brautstrauß). Malen Sie nun jeden Buchstaben der Lösungswörter einzeln auf ein Blatt Papier.

Durchführung:

Jeder Helfer bekommt vorne auf die Brust einen Buchstaben des Wortes geheftet, das geraten werden soll. Die Helfer stellen sich mit dem Rücken zum Publikum in der Reihenfolge des Lösungswortes auf, sodass noch keiner die Buchstaben erkennen kann.

Wählen Sie drei oder vier Kandidaten für das Glücksrad aus. Jetzt darf Kandidat Nr. 1 einen Konsonanten nennen. Kommt dieser Buchstabe im Lösungswort vor, drehen sich die entsprechenden Helfer um, sodass dieser Buchstabe vom Publikum zu lesen sind.

War der genannte Konsonant Bestandteil des Lösungswortes, darf Kandidat Nr. 1 erneut sein Glück versuchen. Sonst ist Kandidat 2 an der Reihe.

Zusätzlich können die Kandidaten die Vokale (A, E, I, O, U) kaufen. Sie bezahlen dafür mit dem Vortrag eines Liedes oder Gedichtes.

Kann einer der Kandidaten das Lösungswort benennen, meldet er sich zu Wort. Nennt er allerdings nicht das korrekte Wort, muss er für diese Runde ausscheiden.

Wer die meisten Wörter erraten hat, gewinnt das Spiel.

Bewegungspiele

Material:

• Stühle

• Musik

• ein Preis oder vorbe-
  reitete Kärtchen mit
  Aufgaben

Die Reise nach Jerusalem mit Hindernissen

Das Brautpaar und sechs weitere Hochzeitsgäste werden nach
vorne gebeten. Bei insgesamt acht Mitspielern stellen Sie wie
bei der klassischen »Reise nach Jerusalem« sieben Stühle in der
Mitte auf.
Solange die Musik spielt, laufen die Kandidaten im
Gänsemarsch um die Stühle. Wenn die Musik aufhört, wird
vom Moderator ein Gegenstand genannt, den die Kandidaten
aus dem Publikum besorgen müssen. Eigene Gegenstände gel-
ten nicht!

Beispiele für Gegenstände:
• ein Schuh in einer bestimmten Größe
• ein Ehering
• ein Autoschlüssel
• eine Packung Marlboro Zigaretten
• ein Personalausweis
• ein Lippenstift
• ein BH

Fangen Sie mit den einfachen Gegenständen an. Im Laufe des
Spiels, wenn bereits einige Mitspieler ausgeschieden sind, kön-
nen Sie zu den schwierigeren Aufgaben übergehen.
Nur mit dem Gegenstand darf sich der Spieler wieder setzen.
Wer zuletzt kommt und keinen Stuhl mehr hat, scheidet aus.
Die Gegenstände sollten dann natürlich nach jeder Runde wie-
der an ihre ursprünglichen Besitzer zurückgegeben werden.
Wer als Letzter übrig bleibt, hat gewonnen und erhält einen
Preis.

Variante: Strafe muss sein

Das Brautpaar spielt selbst nicht mit. Jeder Mitspieler, der ausscheidet, erhält ein Kärtchen mit einer Aufgabe, z. B. beim Brautpaar Fenster putzen, frische Brötchen vorbeibringen, eine Ansichtskarte aus dem Urlaub schreiben, einen Kuchen backen ...

Die Kirchenmaus bei der Hochzeit

Material:
- Stühle
- die Geschichte

Dieses Spiel eignet sich besonders gut, wenn die Hochzeitsgäste vielleicht gerade ein bisschen träge sind, z. B. nach dem Kaffeetrinken.
Die Stühle werden auf der Bühne entsprechend dem Schaubild angeordnet.
Die Gäste übernehmen jetzt bestimmte Rollen in der Geschichte und müssen jedes Mal, wenn ihr Name genannt wird, aufstehen, einmal um den Stuhl herumlaufen und sich wieder hinsetzen.

Die Rollen im Spiel:
- Braut
- Bräutigam
- Pfarrer
- Kirchenmaus
- Trauzeugin
- Trauzeuge
- Blumenkinder
- Kirchengemeinde (alle Gäste)

Die Geschichte:

Es war einmal ein wunderschöner Sommertag und die Vögel zwitscherten, als ein schmucker Bräutigam mit seiner süßen Braut Hochzeit machen wollte. Es war alles vorbereitet: Der Pfarrer hatte seinen besten Talar an, die Trauzeugen waren in edle Gewänder gekleidet, die Blumenkinder hatten Körbchen mit wunderschönen Blumen in den Händen, und das Brautpaar freute sich sehr. Selbst die kleine Kirchenmaus hatte sich ihre Barthaare geputzt.

Der große Moment war gekommen, als Braut und Bräutigam hinter dem Pfarrer und den Blumenkindern die Kirche betraten und die Trauzeugen ihnen folgten. Das Brautpaar und die Trauzeugen nahmen im vorderen Kirchenschiff Platz, und der Pfarrer begann seine Predigt. Neben Braut und Bräutigam hörten auch die Trauzeugen, die Blumenkinder und die kleine Kirchenmaus dem Pfarrer andächtig zu.

Als die ganze Gemeinde ein Lied sang, wollte sich die kleine Kirchenmaus das Brautkleid der Braut etwas genauer anschauen. Die Kirchenmaus krabbelte also vorsichtig zwischen den Beinen der Blumenkinder und der Trauzeugen hindurch, als plötzlich die Trauzeugin aufschrie: »Ihhhh, eine Kirchenmaus, eine echte graue Kirchenmaus!« Der Pfarrer runzelte die Stirn, die Braut ergriff die Hand des Bräutigams, und der Trauzeuge flüsterte der Trauzeugin zu: »Pssst, sei leise, da war keine Kirchenmaus! Du hast dir die Kirchenmaus nur eingebildet. Die Blumenkinder haben auch keine Kirchenmaus bemerkt.« Die kleine Kirchenmaus jedoch lief verschreckt weiter und versteckte sich unter dem Talar des Pfarrers. Die Blumenkinder wisperten: »O Herr Pfarrer, verehrter Herr Pfarrer – die Kirchenmaus sitzt unter ihrem Talar!«. Der Bräutigam küsste schnell seine Braut, um sie abzulenken, und sagte zu ihr: »Ich habe die süßeste Braut, die schönste Braut, die liebste Braut auf der Welt!« Der Trauzeuge hielt inzwischen die Trauzeugin in

den Armen, die nur noch wimmerte: »Eine Kirchenmaus, eine
Kirchenmaus ...«

Endlich hatte die kleine Kirchenmaus genug vom Brautkleid
der Braut gesehen und lief unter dem Talar des Pfarrers hervor
und verschwand in ihrem Mauseloch. Als die Trauung von
Braut und Bräutigam zu Ende war und der Pfarrer der
Gemeinde Gottes Segen gegeben hatte, liefen die Blumenkinder
voran zur Kirchentür und streuten ihre Blumen. Den
Blumenkindern folgten der Pfarrer, das Brautpaar, die
Trauzeugen und dann der Rest der Gemeinde. Nur die kleine
Kirchenmaus saß in ihrem Mauseloch und erzählte ihren
Kindern vom schönen Brautkleid der Braut, den liebevollen
Blicken des Bräutigams, der herrlichen Predigt des Pfarrers, den
vielen Blumen der Blumenkinder und von der vielleicht näch-
sten Hochzeit zwischen Trauzeugin und Trauzeuge!

Die Märchenkutsche

Die Rollen im Spiel:

- zwei Pferde
- der Kutscher
- König und Königin
- die vier Räder der
  Kutsche
- der tiefe, dunkle Wald
  (alle Gäste)

Die Stühle werden auf der
Bühne entsprechend dem
Schaubild angeordnet.
Die Gäste
übernehmen jetzt
bestimmte Rollen in
der Geschichte und
müssen jedes Mal,

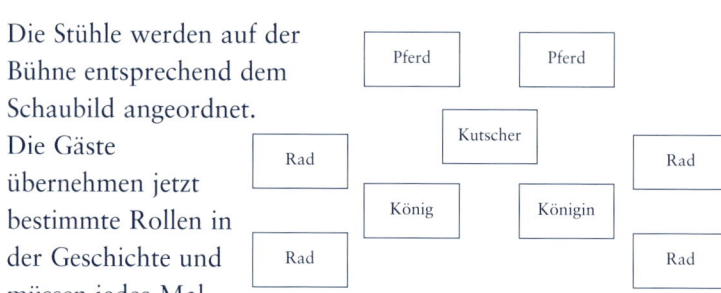

wenn ihr Name genannt wird, aufstehen, einmal um den Stuhl
herumlaufen und sich wieder hinsetzen.

Die Geschichte:

Material:

- Stühle
- die Geschichte

Es war einmal ein König mit seiner Königin, die fuhren in einer
schönen Kutsche, gelenkt von einem treuen Kutscher, mit zwei
stolzen Pferden über Stock und Stein durch einen tiefen dunklen Wald. Der König vertraute seinem Kutscher, denn der
Kutscher hatte die beiden immer heil und gesund nach Hause
in ihr Schloss gebracht. Deswegen hatte auch die Königin an
diesem Abend keine Angst, durch den tiefen, dunklen Wald zu
fahren und eventuell von irgendwelchen Dieben überfallen zu
werden.
Ganz plötzlich rumpelte jedoch die ganze Kutsche. Die Pferde
scheuten und drohten durchzugehen und in den tiefen, dunklen
Wald zu flüchten. Der König fragte besorgt: »Kutscher,
Kutscher, was ist mit den Pferden los? Ist etwa das linke
Hinterrad gebrochen?«
Darauf sagte der Kutscher zum König: »Nein, mein König, ich
glaube eher, es war das rechte Hinterrad. Ist mit der Königin
alles in Ordnung?«
Daraufhin sagte die Königin zum Kutscher: »Ja, lieber
Kutscher, mir geht es gut. Aber mein herzallerliebster Kutscher,

für mich klang es eher so, als ob das linke und das rechte
Vorderrad gebrochen sind. Ist denn mit den Pferden alles in
Ordnung? Es wäre schade, wenn sie in den tiefen, dunklen
Wald fliehen würden.«

Der Kutscher sagte zur Königin: »Nein, die Pferde sind nur
beunruhigt. Ich werde einmal von der Kutsche absteigen und
die Pferde beruhigen.«

Der König sagte zu seinem Kutscher: »Ach Kutscher, Kutscher,
mein lieber Kutscher, mein herzallerliebster Kutscher, pass auf,
dass du dich nicht verletzt!«

Der Kutscher sagte zum König: »Nein, ich werde mich schon
nicht verletzten. Ich werde auch gleich, nachdem ich die Pferde
beruhigt habe, bei den Rädern nachsehen, ob die Kutsche
intakt ist.« Der Kutscher stieg von seiner Kutsche und ging zu
den Pferden und beruhigte die Pferde. Danach ging er um die
Kutsche, kontrollierte das rechte Vorderrad, dann das rechte
Hinterrad, das linke Hinterrad und das linke Vorderrad und
zum Schluss noch einmal die ganze Kutsche. Danach stieg er
wieder auf die Kutsche und nahm die Zügel der Pferde wieder
in die Hand.

Der König sah seine Königin an und fragte dann den Kutscher:
»Kutscher, mein lieber Kutscher, welches von den Rädern war
denn nun gebrochen?«

Daraufhin sagte der Kutscher zum König: »Es war weder das
rechte Vorderrad, noch das rechte Hinterrad, das linke
Hinterrad und auch nicht das linke Vorderrad. Die Kutsche ist
auch vollkommen in Ordnung. Es war wahrscheinlich nur ein
großer Ast, über den wir gefahren sind und der die Pferde
scheu gemacht hat.«

Die Königin sagte zum Kutscher: »Kutscher, Kutscher, mein lieber Kutscher, mein herzallerliebster Kutscher, dann können wir
jetzt unbesorgt aus diesem tiefen, dunklen Wald heraus fahren
und in unser Schloss zurückkehren?«

Der Kutscher sagte zur Königin: »Aber ja, meine Königin. Wir sind bald sicher wieder zu Hause. Ich werde die Pferde jetzt über Stock und Stein jagen, damit wir diesen tiefen, dunklen Wald so bald wie möglich verlassen können.« Der Kutscher trieb die Pferde an und die Kutsche rollte bald aus dem tiefen, dunklen Wald heraus auf den Hof des Schlosses.

Der Kutscher stieg von der Kutsche, geleitete den König und die Königin aus der Kutsche, spannte die Pferde ab, kontrollierte noch einmal das rechte und linke Vorderrad und das rechte und linke Hinterrad und ging dann in den Stall, um die Pferde zu versorgen.

Der König und die Königin waren sehr zufrieden mit ihrem Kutscher. Und wenn sie nicht gestorben sind, dann leben der König, die Königin, der Kutscher, die Pferde und die Kutsche auch heute noch in dem Schloss vor dem tiefen, dunklen Wald.

Variante: Aufstehen mit anderen Aufgaben
Anstatt nur um den Stuhl herum zu laufen, können Sie auch andere Aufgaben verteilen, zum Beispiel:

Pferde	wiehern und mit den Hufen scharren
Kutscher	Hacken zusammenknallen und Bier trinken
König und Königin	huldvoll winken, sich küssen
vier Räder der Kutsche	um den Stuhl laufen

Blindes Vertrauen

Material:

- zwei Augenbinden
- eine Stoppuhr oder Uhr mit Sekundenzeiger

Es werden zwei Gruppen von jeweils sechs körperlich beweglichen Spielern gebildet, die sich hintereinander in einer Reihe aufstellen. Jeder legt die Hände auf die Schultern des Vordermannes. Der Letzte in der Reihe ist der Teamleiter, z. B. Braut und Bräutigam.

Der Teamleiter ist der einzige »Sehende« seines Teams, die restlichen Teammitglieder halten die Augen geschlossen, der Erste in der Reihe erhält zur Vermeidung von Schummelversuchen eine Augenbinde.

Beide Teamleiter müssen ihr Team nacheinander möglichst schnell und fehlerfrei durch einen vorher festgelegten Parcours, z. B. um Stühle herum, manövrieren. Die Schwierigkeit: Während des Spiels darf nicht gesprochen werden, das heißt, es muss innerhalb des Teams vorher festgelegt sein, wie die Verständigung funktionieren soll. Das schnellere Team hat gewonnen.

Löffelwettlauf

Material:

- zwei Esslöffel
- zwei Tischtennisbälle

Bilden Sie zwei Teams aus jeweils fünf Gästen.

Die beiden Teams stellen sich hintereinander in zwei Reihen auf. Der erste in der Reihe erhält den Löffel und den Tischtennisball.

Auf ein Startzeichen rennen die beiden vordersten Spieler los, transportieren den Ball auf dem Löffel über einen festgelegten Parcours, laufen zurück und übergeben Löffel mit Ball dem nächsten in der Reihe.

Die Hände dürfen nicht zu Hilfe genommen werden. Aber die Spieler dürfen heruntergefallene Bälle wieder an derselben Stelle aufnehmen. Das schnellere Team hat gewonnen.

Schwanensee-Ballett

Material:

- weiße T-Shirts
- möglichst weiße Boxershorts
- Lippenstift
- ggf. Federn als Haarschmuck
- Musik: Ballett Schwanensee

Eine Gruppe von sechs bis acht Männern, am besten Jugendfreunde des Bräutigams oder Vereinskollegen, verwandelt sich mit ein paar Requisiten auf der Party schnell in Schwäne und führt eine Kurzversion des Balletts auf. Der Heiterkeitserfolg ist Ihnen sicher! Sie sollten vorher ein wenig die Choreographie üben, damit es auf der Bühne nicht zu chaotisch wird.

Wer spielt mit?
So finden Sie Kandidaten

Das Wichtigste für Ihre Spiele sind
die Kandidaten. In diesem Kapitel finden
Sie viele Ideen, um spielerisch die
gewünschte Anzahl von Mitspielern
auf die Bühne zu locken.
Ebenso wenig dürfen natürlich kleine
Anreize oder Preise fehlen.

Das Brautpaar wählt

Wenn das Brautpaar selbst mitspielt, wählt die Braut die männlichen Mitspieler und der Bräutigam die weiblichen Mitspieler aus.

Buchstabensalat

Material:

- Plastikbuchstaben (oder Pappkarten)
- ein Körbchen

Die Braut zieht aus dem Körbchen einen Buchstaben. Alle, deren Vorname mit dem gezogenen Buchstaben beginnt, spielen mit.
Das können Sie so lange wiederholen, bis genügend Kandidaten beisammen sind.

Memory spielt mit

Material:

- ein Memory-Spiel
- ein Körbchen, Beutel oder Zylinder

Geben Sie jedem Gast am Eingang zur Feierlichkeit ein Memory-Kärtchen mit, das er bitte gut aufbewahren soll. Das Gegenstück dazu werfen Sie in den Beutel.
Wenn Sie Kandidaten für ein Spiel brauchen, holen Sie Memory-Kärtchen aus dem Beutel: Wer das Gegenstück hat, spielt mit.

Wäscheklammern anheften

Material:

• so viele Wäsche-
klammern, wie Sie
Kandidaten brauchen

Bringen Sie nach einer kurzen Vorankündigung Wäscheklammern in Umlauf, die Sie den zunächst stehenden Gästen an
die Kleidung heften. Die Klammern sollen nun möglichst un-
bemerkt anderen Gästen angeklemmt werden, aber nur eine
Klammer für einen Gast.

Wenn zum nächsten Spiel aufgerufen wird, spielen diejenigen
Gäste mit, die eine Wäscheklammer tragen.

Wer bin ich?

Material:

• viele Prominenten-
fotos aus Zeitschriften

• Sicherheitsnadeln

• viele Kärtchen mit den
Namen der
Prominenten

• ein Körbchen, Beutel
oder Zylinder

Die Fotos der Prominenten haben Sie schon vor dem Fest aus
den Zeitschriften ausgeschnitten und ihre Namen auf Kärtchen
geschrieben.

Nun heften Sie zu Beginn des Festes mit einer Sicherheitsnadel
jedem Gast ein Bild an den Rücken. Jeder muss durch geschick-
tes Fragen bei den anderen Gästen herausfinden, wer er selber
ist.

Um die Kandidaten für ein Spiel auszulosen, werden die
Namen der Prominenten in einen Beutel geworfen und ausgelost.

Paarsuche

Für viele Spiele benötigen Sie Pärchen als Mitspieler.
Für die zufällige Zusammenstellung von Paaren finden Sie im
Folgenden einige schöne Ideen.
Natürlich können Sie die Paare auch einfach gemeinsam zum
ersten Tanz bitten oder um einen gemeinsamen Eintrag in ein
lustiges Album bitten. Das ist eine schöne Möglichkeit, dass
sich die vielleicht fremden Gäste gleich einmal ungezwungen
kennen lernen.
Es ist hierbei extrem hilfreich, wenn Sie die genaue Anzahl der
Gäste kennen, damit Sie die notwendigen Requisiten in ausreichender Zahl vorbereiten können.

Prominentenfotos

Material:
- viele Zeitschriften
- Sicherheitsnadeln
- viele Kärtchen mit
  den Namen der
  Prominenten
- ein Körbchen, Beutel
  oder Zylinder

Schon vor dem Fest haben Sie von Prominenten (Schauspieler,
Politiker etc.) jeweils zwei unterschiedliche Fotos aus den
Zeitschriften ausgeschnitten. Zu Beginn des Festes heften Sie
jedem Gast mit einer Sicherheitsnadel ein Bild eines
Prominenten an.
Die Gäste versuchen dann während der Feier, ihr Ebenbild
unter den anderen Anwesenden zu entdecken.
Wenn Sie ein Pärchen für ein Spiel brauchen, werden die
Namen der Prominenten in einen Beutel geworfen und ausge-
lost.

Babyfotowand

Material:
- ein Babyfoto von jedem Gast
- eine große Fotowand

Bitten Sie jeden Gast, Ihnen vor der Hochzeit ein Babyfoto von sich zur Verfügung zu stellen. Das klappt natürlich nur dann, wenn Sie zu allen Gästen guten Kontakt haben. Die Fotos ordnen Sie auf einer großen Fotowand an, die Sie am Ort der Feierlichkeit gut sichtbar am Eingang aufstellen.

Jeder zweite Gast muss sich nun anhand der Babyfotos einen Partner aussuchen. Da kann sich manch lustige Überraschung ergeben!

Familienfeier

Der Ablauf des Spieles sowie das benötigte Material sind so wie bei den »berühmten Liebespaaren« auf S. 44. Aber hier werden die Paare nicht durch Liebesbande, sondern durch Verwandtschaftsbeziehungen zusammengeführt.

Beispiele:
- Vater und Mutter
- Bruder und Schwester
- Oma und Opa
- Großmutter und Großvater
- Nichte und Neffe
- Großtante und Großonkel
- Enkel und Enkelin
- Cousin und Cousine
- Schwager und Schwägerin
- Sohn und Tochter

Berühmte Liebespaare

Material:
- pro Gast ein vorberei-
  teter Anstecker oder
  Aufkleber
- zwei Körbchen, Beutel
  oder Zylinder

Auch dieses Spiel bringt Gäste näher zusammen, hier allerdings
werden gemischte Paare zusammengeführt.
Die Anstecker werden mit Liebespaaren beschriftet. Die Karten
mit den Namen der Frauen kommen in ein Körbchen, die
Namen mit den Herren in ein anderes. Zu Beginn der Feier
darf jeder Gast einen Anstecker ziehen und muss nun seinen
Partner finden.
Die Liebespaare dürfen nach dem Brautpaar den
Eröffnungstanz tanzen.

Beispiele:
- Romeo und Julia
- Adam und Eva
- Cäsar und Cleopatra
- Napoleon und Josephine
- Elizabeth Taylor und Richard Burton
- Rhett Butler und Scarlett O'Hara
- Lara und Dr. Schiwago
- Pater Ralph und Maggie
- John Lennon und Yoko Ono
- Prinz Charles und Camilla
- Quasimodo und Esmeralda
- Marianne und Michael
- Bill Clinton und Monica Lewinsky
- Steffi Graf und André Agassi
- Harry und Sally
- Prinzessin Leia und Han Solo

Pärchen-Sticker

Material:
- pro Gast ein vorbereiteter Aufkleber (z. B. ein Etikett)
- ein Körbchen, Beutel oder Zylinder

Zu Beginn der Feier zieht jeder Gast verdeckt einen Aufkleber und bringt diesen gut sichtbar an seiner Kleidung an. Alle Gäste müssen nun im Verlauf der Feier versuchen, ihren Partner zu finden. Hierbei ist es egal, wie der Anteil an männlichen und weiblichen Gästen ist und wer welchen Anstecker erhält. Ist der Partner gefunden, werden die Aufkleber zusammengeklebt und beim Moderator abgegeben. Aus diesen Paaren werden später Spielkandidaten ausgelost.

Beispiele für Paare:
- die Schöne und das Biest
- Biene Maja und Willi
- Pumuckl und Meister Eder
- Cap und Capper
- Hanni und Nanni
- Bernard und Bianca
- Dick und Doof
- Pat und Patachon
- Minnie und Mickey Mouse
- Daisy und Donald Duck
- Schlumpf und Schlumpfine
- Rotkäppchen und der böse Wolf
- Kermit und Miss Piggy
- Fred Astaire und Ginger Rogers
- J. F. Kennedy und Marilyn Monroe
- Dr. Jekyll und Mr. Hyde

Prämien für erfolgreiche Spieler

Um den Gästen ihre Kandidatenrolle schmackhaft zu machen, sollten Sie sie mit Preisen ködern. Hören Sie sich vor der Feier mal um, ob jemand auf der Gästeliste Preise spenden würde. Es muss nicht immer Sekt oder Schokolade sein.

Eine Jagdausrüstung: *eine Fliegenklatsche oder Mausefalle*

Eine Putzhilfe für zwei Monate: *zwei Lappen*

Ein Candle-Light-Dinner für zwei Personen: *eine Tütensuppe und eine Kerze*

Ein italienischer Abend: *eine Packung Mirácoli und eine Flasche italienischer Rotwein*

Ein Wellness-Wochenende: *ein Massagehandschuh, Badeperlen und eine Faltencreme*

Ein Rundflug: *ein Stadtplan oder eine Landkarte. Der Gewinner wird auf einem Stuhl über den Plan getragen.*

Eine Spritztour mit einem neuen Wagen: *Spielzeugauto und Wasserpistole*

Ein Golfkurs: *Eintrittskarte für den Minigolfplatz*

Ein echter Nerz: *Eintrittskarte für den Zoo*

Ein Solarwäschetrockner: *Wäscheleine*

Spiele um das und
mit dem Brautpaar

Was wär die Hochzeit ohne euch:
das schönste Paar der Welt?!
Ein jeder will sich mit euch freun,
Hauptsache, dass euch der Tag gefällt!

Das Bettlaken-Herz

Material:

- ein weißes Bettlaken
- dicke rote Filzstifte oder rote Farbe
- zwei Nagelscheren
- ggf. dicke Filzstifte

Dieses Spiel eignet sich gut, wenn das Brautpaar aus dem Standesamt oder der Kirche kommt oder gerade am Ort der Feierlichkeit eintrifft.

Vorbereitung:
Malen Sie auf das Laken die Umrisse eines großen Herzes. Auch die Namen des Brautpaars und das Datum können aufgeschrieben werden.

Durchführung:
Das Laken wird von zwei großen Personen hochgehalten, und das Brautpaar muss mithilfe der Nagelscheren das Herz ausschneiden. Wer seine Hälfte zuerst ausgeschnitten hat, soll angeblich in der Ehe »die Hosen anhaben ...« Durch das dann entstandene Loch trägt der Bräutigam seine Braut hindurch. Das ausgeschnittene Herz kann auf der Feier auch ausgelegt werden, sodass sich jeder Gast mit einem Filzstift darauf verewigen kann.

Baumstamm sägen

Material:
- ein Baumstamm auf einem Bock
- eine Säge mit zwei Griffen

Nach einem alten Brauch muss das Hochzeitspaar nach der Trauung zur ersten gemeinsamen Tat schreiten. Braut und Bräutigam sägen, angefeuert von den Rufen der Gäste, gemeinsam den Baumstamm durch.

Gläserklingeln

Ein hübscher Brauch bei einer Hochzeitsfeier sagt, dass sich das Brautpaar bei einem bestimmten Signal küssen muss (bzw. darf)!
Sagen Sie zu Beginn der Feier, dass immer ein Kuss erwartet wird, wenn alle Gäste mit dem Löffel gegen ihr Glas schlagen. Dieses sogenannte »Gläserklingeln« wird dann im Laufe der Feier immer wieder von den Gästen begonnen, und das Brautpaar muss sich auf der Stelle zu einem innigen Kuss treffen.

Rosen sammeln

Material:
- leere Flaschen
- Rosen
- Augenbinde

Der Bräutigam wird herausgeschickt, und draußen werden ihm die Augen verbunden. In der Zwischenzeit verteilen Sie die Flaschen mit jeweils einer Rose bestückt im Raum. Der Bräutigam muss nun nach Anweisungen seiner Braut versuchen, alle Rosen aufzusammeln, und darf sie seiner Angetrauten dann überreichen.
Entfernen Sie nach Möglichkeit die Dornen an den Rosenstielen, damit sich der Bräutigam nicht verletzt.

Geschenkschnur zum Auspacken

Material:

• viele kleine Geschenke
  für das Brautpaar
• Geschenkpapier,
  Geschenkband

Vorbereitung:

Für das Brautpaar werden passende, lustige Geschenke ausgesucht, die jeweils als Paare zusammenpassen und sich z. B.
auf ein gemeinsames Hobby des Brautpaares beziehen oder für
den Alltag der beiden hilfreich sind. Die Geschenke werden ein-
gepackt und zu einer langen Schlange zusammengebunden.

Beispiele:
• Herrentanga – Strapse
• Babylatz – Schnuller
• Küchenschürze – Kochlöffel
• Hammer - Pflaster

Durchführung:
Braut und Bräutigam fangen gleichzeitig an, die Geschenke
auszupacken, jeder an einem Ende der Schnur. Zum Schluss
treffen sie sich in der Mitte bei einem gemeinsamen Geschenk.

Hochzeitsquiz

Material:

- vorbereitete Frage-
  bogen
- Stifte

Vorbereitung:

Entwickeln Sie Fragen rund ums Brautpaar und die Hochzeit. Zum Beispiel kann man nach Kosenamen, Schuhgrößen, Hobbys, Vorlieben, der Hochzeitsreise etc. fragen.

Auf S. 52–54 finden Sie Anregungen, wenn Ihnen nicht genug einfällt. Die richtigen Antworten sollten möglichst unauffällig bereits vor der Hochzeit herausgefunden werden.

Daraus entwerfen Sie einen Fragebogen zum Ankreuzen (mit mehreren Antwortmöglichkeiten zu jeder Frage) und vervielfältigen diesen in ausreichender Zahl für alle Gäste.

Durchführung:

Die Fragebögen werden nach entsprechender Ankündigung an alle Gäste verteilt und von diesen ausgefüllt. Die Bogen werden dann zentral gesammelt und ausgewertet.

Die drei Gäste mit den meisten richtigen Antworten erhalten kleine Preise.

Ehe-Eignungstest

Material:

• zwei Stühle

• vorbereitete Fragen

• vier Kochlöffel, paar-
  weise mit jeweils
  einem rosa und einem
  blauen Bändchen.
  Oder die Schuhe des
  Brautpaars

Das Brautpaar wird nach vorne gebeten und muss sich Rücken an Rücken auf die beiden Stühle setzen. Jeder von ihnen erhält für jede Hand einen andersfarbig gekennzeichneten Kochlöffel oder einen Damen- und einen Herrenschuh.

Jetzt werden die Fragen gestellt und sollen durch Hochhalten des passenden Gegenstandes (rosa Bändchen = Braut, blaues Bändchen = Bräutigam oder der entsprechende Schuh) beantwortet werden.

Wählen Sie aus den folgenden Beispielen ca. 20 Fragen aus:

1. Wer braucht morgens länger im Bad?
2. Wer flirtet mehr mit anderen?
3. Wer hat größere Angst vor dem Zahnarzt?
4. Wer ist der bessere Diplomat?
5. Wer ist der bessere Koch?
6. Wer ist der bessere Tänzer?
7. Wer ist der sportlichere Typ?
8. Wer ist eifersüchtiger?
9. Wer ist erfinderischer darin, dem anderen seine Liebe zu zeigen?
10. Wer ist gesundheitsbewusster?
11. Wer ist in kritischen Situationen ruhiger?
12. Wer ist kontaktfreudiger?
13. Wer ist musikalischer?
14. Wer ist nach einem Krach schneller zur Versöhnung bereit?
15. Wer ist neugieriger?
16. Wer ist romantischer veranlagt?
17. Wer ist schneller beleidigt?
18. Wer ist verantwortlich für die technischen Reparaturen im Haus?
19. Wer ist verständnisvoller bzw. toleranter?
20. Wer kann auf Süßes schlechter verzichten?
21. Wer kann besser einparken?

22. Wer kann besser lügen?
23. Wer kann besser ohne Fernsehen und Radio auskommen?
24. Wer zappt mehr im Fernsehen?
25. Wer kann besser verlieren?
26. Wer schnarcht lauter?
27. Wer steht am Sonntag auf und bringt das Frühstück ans Bett?
28. Wer räumt den Geschirrspüler öfter aus?
29. Wer übertrifft den anderen mit seiner Pünktlichkeit?
30. Wer überwacht die Kontobewegungen?
31. Wer wird in den nächsten fünf Jahren mehr an Gewicht zunehmen?
32. Wer wird in ein paar Jahren in der Nacht wegen des kreischenden Babys aufstehen?
33. Wer wünscht sich die größere Kinderzahl?
34. Wer küsste wen zuerst?
35. Wer fragte »Willst du mich heiraten?«?

Auswertung:

Übereinstimmungen:

1-4 Dem Paar ist unbedingt ein seelsorgerisches Gespräch nahe zu legen.

5-8 Aller Anfang ist schwer, doch es gibt Hoffnung.

9-12 Deutsche Durchschnittsehe

13-15 Gute Startbedingungen, herzlichen Glückwunsch.

über 16 Das Paar darf bereits im nächsten Jahr die silberne Hochzeit feiern, weil es vor Harmonie nur so strotzt.

Variante: Frische Liebe gegen altes Glück

Lassen Sie das Brautpaar gegen ein schon sehr lange verheiratetes Paar antreten. Mal sehen, wer sich tatsächlich besser kennt ...

Übereinstimmungsquiz

Material:

• vorbereitete Fragen

• Flipchart mit Papier

• dicker Filzstift

Bei diesem Quiz gilt es herauszufinden, ob das Hochzeitspaar am Anfang der Ehe gut über die alltäglichen Gewohnheiten des Partners Bescheid weiß.

Zuerst wird die Braut hinausgeschickt, damit sie von den Antworten des Bräutigams nichts hören kann.

Dann werden dem Bräutigam einige Fragen gestellt:

1. Welches Gericht kocht deine Frau am besten?
2. Was ist der Lieblingstanz deiner Frau?
3. Wie viele Strapse hat deine Frau?
4. Welche Zahnpasta benutzt deine Frau?
5. Wie viele Schuhe besitzt deine Frau?

Die Antworten werden auf dem Flipchart notiert, aber vor dem Erscheinen der Partnerin verdeckt. Jetzt wird die Braut hineingeführt und muss die Fragen beantworten.

Im zweiten Teil wird nun zunächst der Bräutigam hinausgeführt, und die Braut muss folgende Fragen beantworten:

1. Welchen Teil der Zeitung liest dein Mann immer zuerst?
2. Was ist das Leibgericht deines Mannes?
3. Welche Farbe hat die Zahnbürste deines Mannes?
4. Was ist die Lieblingssportart deines Mannes?
5. Wie oft am Abend zappt sich dein Mann durchs Fernsehprogramm?

Je mehr Antworten übereinstimmen, umso besser kennt sich das Brautpaar bereits.

Für jede Übereinstimmung kann zum Beispiel ein kleiner Preis ausgelobt oder ein Schokoladenherz überreicht werden.

Variante: mit Geldvernichtung

Benötigtes Material (zusätzlich zum Quizspiel):

- Spielgeld-Noten oder Kopien echter Scheine (Achtung: Aus Sicherheitsgründen mit einem Hinweis versehen!)
- ein elektrischer Aktenvernichter
- eine große Glasvase oder ein großes Windlicht

Das vermeintlich echte Geld wird vor dem Quiz als Preis ausgelobt. Für jeden Fehler, den die Brautleute machen, schieben Sie einen Geldschein durch den Aktenvernichter, der auf der Glasvase steht.

Fotoshow

Material:

- Beamer
- Scanner für die Vorbereitung
- Laptop mit Präsentationssoftware
- ggf. Digitalkamera
- Leinwand oder weiße Wand
- diverse Fotos des Brautpaares von der Kinderzeit bis heute

Für die Fotoshow sollten Sie mit den neuen technischen Medien gut vertraut sein oder entsprechende Unterstützung haben.

Vorbereitung:

Die Fotos des Brautpaares werden gescannt und in einer Präsentation zusammengestellt. Beginnen Sie mit den Babyfotos und stellen Sie dann Einschulung, Konfirmation und Jugendzeit gegenüber. Schließlich zeigen Sie die ersten gemeinsamen Fotos der beiden und die schönsten und lustigsten Bilder aus der gemeinsamen Zeit.

Bereiten Sie eine kleine Geschichte vor, die Sie beim Vortrag der Präsentation vortragen, notfalls vorlesen können.

Durchführung:

Auf der Hochzeitsfeier (es sollte schon dunkel sein oder der Raum muss abdunkelbar sein) werden Leinwand und Beamer in Position gebracht und vom Laptop aus die Präsentation gestartet. Erzählen Sie Fakten und lustige Anekdoten zu den Fotos.

Wenn Ihnen am Hochzeitstag eine Digitalkamera und ein wenig Zeit zur Verfügung stehen, ergänzen Sie die Präsentation um aktuelle Fotos von der Trauung. Das Brautpaar und die Gäste werden überrascht sein!

Ehefesseln

Material:

- Handschellen
- Propangaskocher
- Pfanne, Öl, zwei Eier
- zwei Schürzen

Bei diesem Spiel soll das Brautpaar mal zeigen, wie es mit den neu erworbenen Ehefesseln zurecht kommt.

Bitten Sie das Brautpaar nach vorn und ketten Sie die beiden mittels der Handschellen aneinander. Nun sollen sie auf dem Gaskocher zwei Spiegeleier braten, was in zusammengekettetem Zustand nicht so einfach ist.

Am laufenden Band

Material:

- ca. 20 Gegenstände aus der Wohnung des Brautpaars bzw. Duplikate davon, z. B. ein Bild, die Fernbedienung, ein Teller ...
- einige Helfer

Die Gegenstände werden »am laufenden Band« langsam am Brautpaar vorbei getragen und dann wieder unsichtbar verstaut. Das Brautpaar muss sich die Gegenstände merken und dann versuchen, alle aufzuzählen. Jeden richtig genannten Gegenstand bekommt das Brautpaar zurück, die anderen werden für eine Weile, z. B. bis nach der Hochzeitsreise, einbehalten.

Zwischen die »echten« Gegenstände können natürlich auch einige Attrappen geschummelt werden, z. B. ein Playboy-Heft, Strapse, geblümte Unterhosen.

Tierisches

Die Ehe ist – genau betrachtet –
ein Zustand, den fast jeder achtet.
Doch habt ihr schon mal nachgedacht,
was eine gute Ehe denn ausmacht?

Sehn wir uns bei den Tieren doch mal um,
denn die sind oft gar nicht so dumm.
Das Tierreich kann uns vieles lehren,
um glücklich Mann und Frau zu werden.

Der Mann, der nehme folgenden Rat:
Wie ein Bär sein sollst du stark –
denn deine Frau, die freut sich sehr,
trägst du die Einkaufstüten ihr her.

Doch triffst du eine fremde Frau im Café,
sei – deiner Ehefrau zur Freude – scheu wie ein Reh.
Am besten jedoch sei wie der Hund,
ihr treu ergeben bis zur letzten Stund.

Und du, liebe Braut, darfst sein wie der Pfau,
ein bisschen Eitelkeit schadet keiner Frau.
Doch dabei solltest du wie die Biene sein:
fleißig und emsig – tagaus, tagein.

Etwas vom Maulwurf steht euch beiden gut zu Gesicht:
Seid blind und seht die Fehler des anderen nicht.
Ein Ehemann sollte auch wie ein Elefant sein –
dickhäutig für die Aufträge, die Frauen erteil'n.

Du gewinnst mutig wie ein Löwe ihr Herz,
machst du jeder Spinne im Haus den Terz.
Kommst du vom Kneipenabend spät nach Haus,
leih dir des Fuchses beste List nur aus.

Die Ehefrau fragt sich, wo er denn bleibt –
ist wachsam wie die Katze, was er so treibt.
Und stellt sich manchmal auch ganz dumm,
wie das Kamel – sie weiß warum!

»Wie kompliziert zu merken ...«, meint da einer,
soooo viele Tiere kennt ja keiner!
Ich aber wünsch euch tierisch Glück,
ihr denkt an meine Worte bestimmt zurück.

Für euch beide allzeit gutes Eheleben,
ich will euch dies Geschenk nun geben.
Was mag das sein – was denkt ihr so –
es sind zwei Eintrittskarten für den Zoo!

Nudelholz

Material:

• Nudelholz

Jetzt sag ich euch einmal ganz ehrlich:
Ein Nudelholz, das ist in jeder Ehe unentbehrlich.
Ein Nudelholz – tu ich euch kund –,
das macht den Teig wohl sehr schön rund.
Denn wenn die Birgit ihrem Frank 'nen Kuchen bäckt,
er sich seine zehn Finger danach leckt.
So soll es alle Tage bei euch sein,
in trautem Glück, ihr beid' allein.

Doch wenn der Frank nicht spurt – o weh!
Das Unheil ich jetzt kommen seh …
Das Nudelholz die Birgit schwingt,
wenn sie den Frank zur Vernunft bringt.
Da ists mir lieber doch zum Kuchenbacken
und um den Teig ganz flach zu machen!
Das Nudelholz nehm ich nun doch wieder nach Haus,
denn ich denke, ihr kommt auch ganz gut ohne aus!

Die Gäste spielen mit

Oft kennen sich Familie und Gäste des
Brautpaares noch nicht so gut. Nutzen
Sie die Gelegenheit, um alle kurz einander
vorzustellen oder neue Kontakte bei
gemeinsamen Spielen entstehen zu lassen.

Vorstellung der Gäste I

Dichten Sie für
jeden Gast einen
Zweizeiler, der ihn
kurz charakterisiert.
Die folgenden
Verse können als
Einstimmung die-
nen.

Zu einem solchen Hochzeitsfeste
erscheinen 35 liebe Gäste;
sehr viele haben sich die Hand gegeben –
und sich noch nie gesehn im Leben.

Verlegen schauen sie sich um
und fragen heimlich leise rum
woher die anderen wohl kommen
und was sie werktags unternommen,
wie alt sie sind, mit wem getraut,
wie sie verwandt sind mit der Braut.
Endlich wissen sies genau –
da sind die andern ja schon blau!

Drum meinen wir, es wär das Beste
für den Verlauf von diesem Feste,
stelln wir sie alle einmal vor
in kurzen Worten mit Humor.

Damit die Mühe nicht umsonst
und für die Katz die ganze Kunst
soll jeder, dem ein Spruch gegeben,
sich auch von seinem Platz erheben.
Gleich zur Übung und zum Spaß
nehmen alle jetzt ihr Glas
stehen auf und rufen: PROST!

Vorstellung der Gäste II

Melodie: Eine Seefahrt, die ist lustig ...

Refrain: Hollahi, hollaho ...

Ergänzen Sie das Lied, indem Sie für jedes Gästepaar eine Extrastrophe dichten. Beim gemeinsamen Singen erhebt sich dann jeweils der genannte Gast von seinem Platz. Das ist besonders dann sinnvoll, wenn sich die Verwandtschaft der Brautleute noch nicht so gut kennt.

Eine Hochzeit, die ist lustig,
eine Hochzeit, die ist schön,
denn da kann man die Verwandtschaft
mal auf einem Haufen sehn.

Teils aus Norden, teils aus Süden
kommen sie hier angewetzt,
jeder wirft sich schick in Schale,
lächelt und ist nicht vergrätzt.

Solche Feier, die ist herrlich,
die ist einfach wunderbar,
drum vorab das Allerbeste
für das zauberhafte Paar.

Den Brauteltern gilt für heute
unser ganz besonderer Dank,
für die Feier, für das Essen,
für Musik und für den Trank.

Mit Gesang und guter Laune,
ist die Stimmung garantiert,
bis zum nächsten Sonnenaufgang,
hat schon mancher fantasiert.

Doch bis dahin wird geschunkelt,
dass die ganze Bude kracht,
Polonaise-Blankenese
hat die Musik mitgebracht.

Seht die Birgit und den Uwe
einmal aus der Nähe an,
beide strahlen um die Wette,
schön, wie man sich freuen kann.

Uwes Mutter ist nicht traurig,
wenn der liebe Sohn nun geht,
weil sie – was ja auch verständlich –
sich mit Birgit gut versteht.

Jetzt erzähl ich mal von Birgit,
unsrer süßen kleinen Braut,
die ab morgen – wie verlautet –
richtig auf den Pudding haut.

Uwe wird das gar nicht stören,
und das wär ja auch gelacht,
er wird täglich dafür sorgen,
dass er Birgit glücklich macht.

Bruder Thomas kommt aus Krefeld,
Ulf und Tina im Geleit,
alle kommen zu der Hochzeit,
was uns ganz besonders freut.

Angereist sind heut aus Dresden
auch Christina und ihr Mann,
zeigen unserm jungen Brautpaar
wie man glücklich werden kann.

Lasst uns nun zum Schlusse kommen,
fasst noch einmal euer Glas,
Hoch soll leben unser Brautpaar,
für den Abend noch viel Spaß.

Wer ist eigentlich heute hier?

Material:

• Liste mit den Kriterien

Eine schöne Gelegenheit, einmal mehr über die anderen Gäste zu erfahren!

Rufen Sie nacheinander bestimmte Kriterien auf, bei den sich alle davon Betroffenen von ihren Stühlen erheben müssen.

Beispiele:

Es erheben sich …

… alle Arbeitskollegen

… alle, die nicht kochen können

… alle, die schon einmal mit dem Brautpaar zusammen im Urlaub waren

… alle, die bei Aldi einkaufen

… alle, die gut singen können

… alle, die mit Braut oder Bräutigam zusammen in der Schule waren

… alle, die gern Tennis spielen

… alle, die mindestens einmal pro Jahr in die Oper gehen

… alle, die mit dem Bräutigam schon mal einen über den Durst getrunken haben

… alle, die die Braut schon mal geküsst haben

Variante: Kennt das Brautpaar seine Gäste?

Material:

• Liste mit den Kriterien

Verteilen Sie die Liste mit Kriterien an alle Gäste außer dem Brautpaar.

Jetzt werden die einzelnen Punkte nicht vorgelesen, sondern nur die Nummer aufgerufen. Es erheben sich nun alle Gäste, auf die das Kriterium zutrifft, und das Brautpaar muss raten, was diese Gäste gemeinsam haben.

Beispiele:
Es erheben sich …
… alle, deren Vorname mit A beginnt
… alle, die einen VW fahren
… alle, die gern Wein trinken
… alle Verwandten des Brautpaares
… alle, die älter als 40 sind
… alle Nachbarn des Brautpaars
… alle, die im Dezember Geburtstag haben
… alle, die Ohrringe tragen
… alle, die kleiner als 1,65 m sind
… alle Ehepaare

Statistische Erhebung

Material:

- vorbereitete Zettel
- Personenwaage
- Sparschwein

Der Moderator kündigt an, dass aufgrund des guten Essens eine Statistik für das Brautpaar bzw. den Gastwirt erstellt werden soll. Jeder Gast bekommt einen Zettel, auf dem er Name, Gewicht und Schuhgröße eintragen soll.

Wenn alle Zettel wieder eingesammelt sind, kündigt der Moderator eine stichprobenhafte Überprüfung der Angaben an. Da beim Gewicht meist gemogelt wird, soll dieses mit einer Personenwaage überprüft werden.

Das Brautpaar darf nun sechs Zettel ziehen und damit bestimmen, welche Gäste auf die Waage müssen. Für jedes falsch angegebene Kilo wird nun ein Betrag kassiert (z. B. ein Euro), der in ein Sparschwein fürs Brautpaar wandert.

Geschlechter-Wettkampf

Material:

- vier Krawatten
- vier ungeöffnete Bier-
  flaschen
- vier Feuerzeuge
- vier lange Nägel
- vier Hämmer
- ein langer Holzbalken
  oder ein dickes Brett
  (mindestens so dick,
  wie die Nägel lang
  sind)
- vier Herrenober-
  hemden
- vier Nähnadeln und
  Faden
- vier große Kartoffeln
- vier Kartoffelschäler

Bei diesem Spiel soll bewiesen werden (ggf. auch mit ein wenig Schummeln), dass sich Braut und Bräutigam wirklich den idealen Partner ausgesucht haben. Der Bräutigam tritt am besten gegen drei seiner Freunde an, die Braut gegen drei Freundinnen.

Es folgen nun jeweils drei Disziplinen, die nacheinander ausgespielt werden.

Für die Frauen:

Wer schlägt am schnellsten einen Nagel in den Holzbalken?
Wer bindet am besten einem Mann die Krawatte um?
Wer kann am schnellsten eine Bierflasche mit dem Feuerzeug öffnen?

Für die Männer:

Wer näht am schnellsten einen Knopf ans Hemd?
Wer legt ein Oberhemd am ordentlichsten zusammen?
Wer kann die längste Kartoffelschale im Stück abschälen?

Gewonnen haben die Frau und der Mann mit der besten Wertung. Sie können zum Beispiel die restlichen Gäste durch Applaus über den jeweils Besten eines Durchgangs entscheiden lassen.

Idealerweise wird natürlich das Brautpaar als Sieger und Traumpaar gekürt!

Goldwäsche

Material:

- Spielkistensand
- eine oder mehrere
  große Kisten
- viele Münzen
- Buddelkasten-Siebe
- vorbereitete Teil-
  nahmekarten

Verteilen Sie die Münzen vorher in den mit Sand gefüllten Kisten.

Kündigen Sie die Goldwäsche bei den Gästen groß an. Die Gäste können dann Teilnahmekarten erwerben, die dem Gesamtwert der im Sand versteckten Münzen entsprechen. Wenn Sie also z. B. 50 Euro in Münzen verstecken, verkaufen Sie 10 Teilnahmekarten à 5 Euro.

Dann waschen die Teilnehmer der Goldwäsche gleichzeitig mit den Sieben den Sand aus, um die Münzen zu finden. Wer Glück hat, kann seinen Einsatz leicht vermehren!

Variante: Zeit ist Geld

Dieses Spiel eignet sich auch gut, um dem Hochzeitspaar ein Geldgeschenk zu machen. Lassen Sie das Brautpaar innerhalb einer festgelegten Zeit »das Gold waschen«. Je erfolgreicher das Brautpaar siebt, umso mehr darf es von dem Geld behalten. Der Rest könnte zum Beispiel an eine wohltätige Vereinigung gespendet werden.

Herzbuben

Material:

- drei Stühle
- drei Stoffherzen
- drei Nadeln mit Garn
- drei Boxershorts

Wählen Sie für diesen Wettkampf drei Pärchen aus.
Die Männer ziehen sich die Boxershorts über ihre normalen Hosen. Die Frauen setzen sich jeweils auf einen Stuhl und nehmen ihre Männer »übers Knie«.
Jetzt müssen die Frauen den Männern so schnell wie möglich das Stoffherz auf den Popo nähen. Damit nicht zu sehr geschludert wird, sollten Sie z. B. eine Mindestzahl von 20 Stichen festlegen.
Zum Schluss dürfen die drei Paare beim Walzertanz die hübschen Hinterteile der Männer demonstrieren.

Hände ertasten

Material:

- fünf Stühle
- Augenbinde

Dem Bräutigam werden draußen die Augen verbunden. In der Zwischenzeit werden fünf verheiratete Damen (inklusive der Braut) ausgewählt, die sich nebeneinander auf die Stühle setzen. Jetzt wird der Bräutigam hereingeführt und muss seine Braut durch blindes Ertasten der rechten Hände und Eheringe der fünf Damen wiedererkennen.

Bierdeckel-Model

Material:

• reichlich Bierdeckel

Es werden Paare bestimmt, die gegeneinander spielen. Jedes Paar stellt sich mit genügend Abstand zu den anderen Paaren auf. Während des Spiels müssen die Paare Bierdeckel an einer Stelle platzieren, die vom Spielleiter vorgegeben wird. Dabei müssen alle bereits platzierten Bierdeckel dort verbleiben, wo sie sind.

Beispiele:
• zwischen den Zähnen
• unter der Achsel der Dame
• zwischen den Pobacken der Herren
• zwischen den Hüften von Dame und Herr
• auf einem Oberschenkel des Herrn

Wenn bereits untergebrachte Bierdeckel herunterfallen, scheidet das Paar aus.

Strumpfband versteigern

Material:

- das Strumpfband der Braut
- ein Zylinder oder Körbchen
- Musik

Fragen Sie vorher die Braut, ob sie ein Strumpfband tragen wird und bereit ist, es zu versteigern. Wenn ja: Fordern Sie zum Ende der Feierlichkeit den Bräutigam auf, seiner Braut in einer erotischen Darbietung das Strumpfband auszuziehen. Anschließend wird das Strumpfband im Stil einer amerikanischen Versteigerung unter den Gästen versteigert. Jeder Bieter bietet die gleiche festgelegte Summe, z. B. zwei Euro, die auch sogleich in den Zylinder eingezahlt werden muss. Der letzte Einzahler erhält das Strumpfband – es sei denn, jemand bietet doch noch einmal mit. Der Bräutigam darf natürlich auch mitbieten …

Sie können das ersteigerte Geld dem Brautpaar als Zuschuss zur Hochzeitsreise überreichen.

Mumien wickeln

Material:

• mehrere Rollen
  Toilettenpapier

Bei diesem Spiel können beliebig viele Paare mitmachen. Je Zweierteam muss ein Mitspieler seinen Partner als »Mumie« von unten nach oben mit Toilettenpapier einwickeln. Reißt das Papier, kann es neu angesetzt werden.

Wer zuerst seinen Partner so eingewickelt hat, dass nur noch der Kopf und die Schuhe rausgucken, hat für sein Team gewonnen.

Lieder

Eine schöne Gelegenheit, alle Gäste mit einzubeziehen, ist das gemeinsam Singen. Ganz besonders die älteren Gäste sind davon begeistert!
Dichten Sie gängige Melodien auf das Brautpaar um oder singen Sie mit verteilten Rollen. Es gibt für jeden Geschmack das passende Lied!

Eine Hochzeit, die ist lustig …

Melodie: Eine
Seefahrt, die ist
lustig …

Refrain: Hollahi,
hollaho …

Eine Hochzeit, die ist lustig,
eine Hochzeit, die ist fein!
Wenn die Gläser hell erklingen,
ja da freut sich groß und klein!

Liebe führte euch zusammen,
Liebe lässt euch glücklich sein!
Alle Freuden, alle Sorgen
tragen besser sich zu zwein!

Ach, was ist ein Junggeselle
wirklich gar ein armer Tropf.
Niemand bügelt ihm die Hosen,
niemand näht ihm an den Knopf!

Niemand wartet, wenn er heimkommt,
anders ist's beim Ehemann.
Der sich an sei'm lieben Frauchen
alle Tage freuen kann.

Unser Brautpaar, unser liebes,
ja, das ist vom rechten Schlag!
So ein Brautpaar wie das unsre
findet man nicht jeden Tag!

Rundgesang

Melodie:
O Tannenbaum

Kopieren Sie das Lied leicht vergrößert auf ein Blatt und fotokopieren Sie es für jeden Gast. Gemeinsam singen nun alle das Lied, indem sie das Blatt drehen, und drehen …

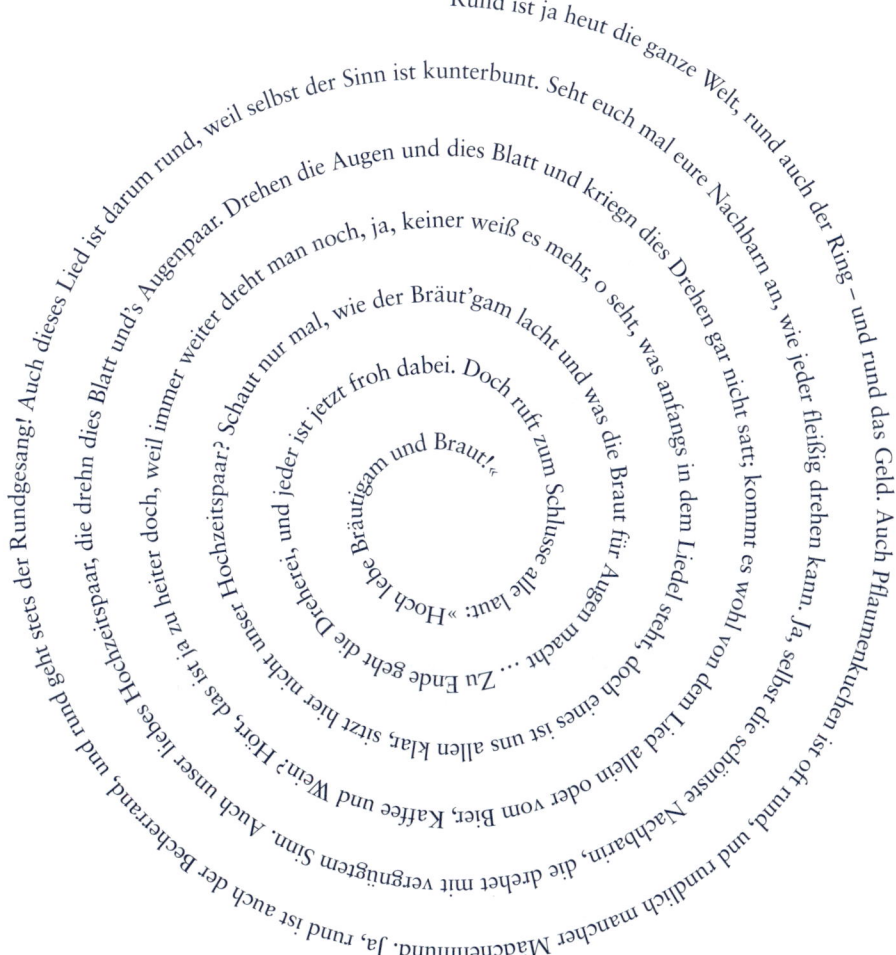

Rund ist ja heut die ganze Welt, rund auch der Ring – und rund das Geld. Auch Pflaumenkuchen ist oft rund, und rundlich mancher Mädchenmund. Ja, rund ist auch der Becherrand, und rund geht stets der Rundgesang! Auch dieses Lied ist darum rund, weil selbst der Sinn ist kunterbunt. Seht euch mal eure Nachbarn an, wie jeder fleißig drehen kann. Ja, selbst die schönste Nachbarin, die drehet mit vergnügtem Sinn. Auch unser liebes Hochzeitspaar, die drehn dies Blatt und's Augenpaar. Drehen die Augen und dies Blatt und kriegn dies Drehen gar nicht satt; kommt es wohl von dem Lied allein oder vom Bier, Kaffee und Wein? Hört, das ist ja zu heiter doch, weil immer weiter dreht man noch, ja, keiner weiß es mehr, o seht, was anfangs in dem Liedel steht, doch eines ist uns allen klar, sitzt hier nicht unser Hochzeitspaar? Schaut nur mal, wie der Bräut'gam lacht und was die Braut für Augen macht ... Zu Ende geht die Dreherei, und jeder ist jetzt froh dabei. Doch ruft zum Schlusse alle laut: »Hoch lebe Bräutigam und Braut!«

Geschlechterkampf

Melodie: Ich steh
auf der Brücke und
spuck in den Kahn

Refrain: Holladihia,
holladio, holladihia,
holladio

Die Strophen
werden in verteil-
ten Rollen gesun-
gen:
Männer = blau
gedruckt
Frauen = orange
gedruckt

Wir hassen die Frauen
wir habn sie nicht gern,
wir lassen uns scheiden
und bleiben dann fern.

Was müssen wir hören,
was sagt euer Mund
es ist zum Empören,
was ist denn der Grund?

Zunächst mal das Essen!
Man hält das nicht aus,
nur immer Gemüse,
kein Braten im Haus.

Kocht ihr doch mal selber,
was euch so gefällt.
Warum gebt ihr uns nur
so knapp Wirtschaftsgeld?

Platzt einmal ein Knopf ab,
ihr näht ihn nicht an,
wir müssen erst schimpfen,
sonst kommt er nicht dran.

Wir tun das aus Mitleid
zum starken Geschlecht,
die Nadel könnt stechen,
das wär euch nicht recht.

Was heißt denn hier stechen
ihr redet euch raus,
wir ziehen, wenn nötig
die Hosen schon aus.

Ihr Ekel von Männern!
Euch brummt wohl der Kopf!
Lasst Warzen euch wachsen
und nehmt sie als Knopf.

Ihr gebt sehr viel Geld stets
beim Fünf-Uhr-Tee aus,
was wir schwer verdienen,
das schmeißt ihr so raus.

Das ist ja 'ne Lüge,
von euch 'ne Idee,
wir trinken zu Hause
nur Kamillentee.

Dazu braucht ihr Kleider
zu jeder Saison,
die kauft ihr so teuer
im Modesalon.

Bei besseren Damen,
da ist das so Brauch,
wir binden uns nächstens
ein Samtband um'n Bauch.

Am Stammtisch, da war's mal
feuchtfröhlich und fein,
zu Hause, da sagt ihr:
»Besoffenes Schwein!«

Das könn'n wir nicht dulden,
wir sind da nicht dumm,
ihr treibt euch am Stammtisch
mit Weibern herum.

'ne ganz kleine Freundin
gebraucht jeder Mann,
wir lächeln die Mädchen
von weitem nur an.

Ihr habt euch verraten,
jetzt kommt es ans Licht,
das nächste Mal kriegt ihr
den Hausschlüssel nicht.

Auf Freiheitsberaubung
gibt's drei Tage Haft,
wir saufen dann weiter
mit äußerster Kraft.

Das ist nun die Höhe,
wir rücken heut aus
und lassen uns scheiden,
komm'n nie mehr nach Haus.

Ach nicht doch, ihr süßen,
ihr goldigen Fraun,
so weit soll's nicht kommen
ihr könnt uns vertraun.

Das klingt schon ganz anders
ihr seid nicht so schlecht,
wenn ihr immer lieb seid,
dann ist es uns recht.

Wir wissen schon längst es,
ihr habt doch die Macht,
ihr himmlischen Süßen,
ihr Feen der Nacht.

Wir wolln euch verzeihen
wenn ihr mit uns lacht,
und seid ihr schön artig,
dann gibts heut 'ne Nacht!

Ein kleines Mägdelein

Melodie: Ich ging einmal spazieren mit einem Mägdelein

Die bereits »gekauften« Sachen werden nach jeder Strophe im Refrain alle wiederholt. Dabei machen alle die Bewegungen mit.

Ich ging einmal spazieren, mit einem Mägdelein,
ich kaufte ihr ein Täschchen, das war so hübsch und fein.

Ich ging einmal spazieren, mit einem Mägdelein,
ich kaufte ihr Paar Handschuh, die warn so hübsch und fein.

Ich ging einmal spazieren mit einem Mägdelein,
ich kaufte ihr ein Hütchen, das war so hübsch und fein.

Ich ging einmal spazieren, mit einem Mägdelein,
ich kaufte ihr ein Blüschen, das war so hübsch und fein.

Ich ging einmal spazieren, mit einem Mägdelein,
ich kaufte ihr ein Röckchen, das war so hübsch und fein.

Ich ging einmal spazieren, mit einem Mägdelein,
ich kaufte ihr paar Schuhchen, die warn so hübsch und fein.

Refrain:
Und das Täschchen, das ging so, und das Täschchen, das ging so.
So ging das Täschchen, und das Täschchen, das ging so!

Täschchen
schwenken

Refrain:
Und die Händchen gingen so, und die Händchen gingen so,
so ging'n die Händchen, und die Händchen gingen so!

Hände drehen und
winken, danach Refrain
der ersten Strophe
wiederholen

Refrain:
Und das Köpfchen, das ging so, und das Köpfchen, das ging so.
So ging das Köpfchen, und das Köpfchen, das ging so!

Hände über dem Kopf
zum Hut formen,
danach Refrains der
ersten und der zweiten
Strophe wiederholen

Refrain:
Und das Blüschen, das ging so, und das Blüschen, das ging so.
So ging das Blüschen, und das Blüschen, das ging so!

Bluse vorne zupfen,
danach Refrains der
ersten drei Strophen
wiederholen

Refrain:
Und das Röckchen, das ging so, und das Röckchen, das ging so.
So ging das Röckchen, und das Röckchen, das ging so!

Rock vorne lupfen,
danach Refrains der
ersten vier Strophen
wiederholen

Refrain:
Und die Füßchen gingen so, und die Füßchen gingen so,
so ging'n die Füßchen, und die Füßchen gingen so!

mit den Füßen trappeln,
danach Refrains der
ersten fünf Strophen
wiederholen

Die Getränke sind frei

Melodie: Die
Gedanken sind frei

Die Getränke sind frei,
wir wolln einen heben.
Wir sind gern dabei:
Das Brautpaar soll leben!
Man darf nicht vergessen:
Drei Bier sind ein Essen,
drum Leber, verzeih,
die Getränke sind frei.

Die Getränke sind frei
und gut für die Nieren.
Drum kommet herbei
und lasst euch kurieren.
Die Ärzte empfehlen
für durstige Kehlen
oft Bier als Arznei.
Die Getränke sind frei!

Die Getränke sind frei,
drum lassen wir's laufen.
Ein Bier oder zwei,
man kann kaum verschnaufen.
Man trinkt ohne Qualen
und denkt nicht ans Zahlen,
es bleibet dabei:
Die Getränke sind frei.

Die Getränke sind frei,
das Glas man mir fülle!
Heut ists einerlei,
ich sammle Promille.
Heut spielts keine Rolle,
und bei der Kontrolle
sag ich zur Polizei:
Die Getränke sind frei!

Tanzspiele

Braut und Bräutigam drehen sich flott
zum Walzer, Tango und Foxtrott.
Macht alle mit – reiht euch mit ein,
Musik lässt alle fröhlich sein!

Gemeinsamer Tanz nach Aufforderung

Material:

- vorbereitete Anstecker
  mit den Namen aus
  dem Gedicht
- zwei Zylinder oder
  zwei Körbchen
- Musik

So, jetzt kommt der Clou vom Ganzen:
Wir lassen jetzt die Typen tanzen.
Die erste Frau, der erste Mann,
Adam und Eva fangen an.

Ich weiß nicht, was soll es bedeuten,
so sang man früher beim Wein,
heut tanzt bei gemütlichen Zeiten
die Loreley und der Vater Rhein.

Mein schönes Fräulein, darf ich wagen
Arm und Geleit Euch anzutragen?
heißt ein Zitat von Wolfgang von Goethe,
und nun tanzt Faust mit der Margarete.

Es ist bekannt von alters her,
wer Sorgen hat, hat auch Likör.
Mit diesen Worten geh'n in Szene
Schneider Böck und die fromme Helene.

Von der Wartburg kommen hohe Gäste
direkt vom Sängerwettstreitfeste.
Wir wissen, wer im Tanz sich dreht:
Tannhäuser und Elisabeth!

Figuren, die in heut'gen Zeiten
gehören zu den Seltenheiten,
treten jetzt zum Tanze an:
Der Mustergatte mit der keuschen Susann.

Lassen Sie alle Gäste – Männern und Frauen getrennt – vorher einen Anstecker ziehen.
Alle Gäste bilden einen großen Kreis auf der Tanzfläche. Lesen Sie dann das Gedicht vor – nach jeder Strophe muss das dort angesprochene Paar ein paar Takte in der Mitte tanzen.

Und ein neues Abenteuer –
ein Meistergeiger tanzt mit Feuer
mit einer ihm unbekannten Frau:
Paganini und die Maske in Blau.

Ein Mann, groß, stolz und unnahbar,
ein Mädchen von kaum 20 Jahr,
es drehen sich im Tanze schnell
der Hauptdirektor und die Tippmamsell.

Zwei Sterne von der Operette
erscheinen jetzt auf dem Parkette.
Graf von Luxemburg mit Eleganz
führt die lustige Witwe zum Tanz.

Aus dem schönen Land der Märchen
sehn wir jetzt ein ungleich Pärchen.
Was sagen Sie zu dieser Wahl?
Rotkäppchen und der Rübezahl!

Lasset einen Csárdás klingen
und Zigeunerweisen singen!
Kaum gesagt, erscheinen schon:
Csárdásfürstin und Zigeunerbaron.

Aus dem Ausland sind zu nennen
Vertreter, die wir alle kennen:
Zum Tanze hält in seinen Armen
Bajazzo seine schöne Carmen.

Ein Paar, lang vor dem Kriege wars,
sah man in Nachtlokalen und in Bars.
Man sah ihnen schon die Sünde an:
Die Halbweltdame und der Lebemann.

Rumpelstilzchen tritt sodann
nun auch zum nächtlichen Tanze an.
Und es reicht gleich sehr galant,
Schneewittchen seine rechte Hand.

Unser guten Schuster Nolte
wusste immer, was er wollte.
Darum holt er sich zum Tänzchen
aus der Eck das tolle Pflänzchen.

Na, wer kommt denn jetzt einmal?
Es ist der heitre Sonnenstrahl.
Allerdings, nehmt es nicht übel,
tanzt er mit 'ner alten Zwiebel!

Und der Tanz geht immer weiter!
Jetzt meldet sich der Schimmelreiter.
Sein Begehren geht in die Sterne,
er wünscht sich die Venus so gerne!

Als Kavalier, das war und ist so,
holt sich der Graf von Monte Christo
für diesen Tanz als Schätzchen
das kleine süße Kammerkätzchen!

Nun sucht der kleine Hemdenmatz
sich einen allerliebsten Schatz
und findet ihn zum frohen Spiel
in der stolzen Cleopatra vom Nil.

Nun schwingt das tapfre Schneiderlein
sein altbewährtes Tanzebein
in ganz besonderen Wonnen
mit dem Käthchen von Heilbronnen.

Ferner finden weiter wir,
ein Nilpferd, ein gewaltiges Tier.
Das wünscht sich, oft solls im Leben so sein –
ein zierlich kleines Elfelein.

Wir werden gleich am Ende sein,
doch Onkel Tom hat noch mal Schwein.
Ein echtes Schwein aber nun wirklich nicht,
dafür ein blaues Vergissmeinnicht.

Und nun kommt noch zu guter Letzt
der alte Petrus angewetzt,
schnappt sich im munteren Getümmel
die stadtbekannte wilde Hummel.

Doch wenn ihr jetzt glaubt – so ein Schummel –
nur ich selbst mach mich nicht zum Dummen:
Denkt nur ja nicht, ich vergesse mich:
denn jetzt tanzen der flotteste Tänzer und ich.

Nachtmützentanz

Material:

• zwei altmodische
  Nachtmützen

Am späten Abend bekommt das Brautpaar die beiden
Nachtmützen aufgesetzt und muss mit ihnen einen letzten Tanz
tanzen. Die Gäste stehen im Kreis um die Tanzfläche.

Regenschirm-Tanz

Material:

• ein Regenschirm
• wasserfeste Filzer

Lassen Sie während der Feier alle Gäste auf einem großen
Regenschirm unterschreiben. Zum Schluss wird der Schirm
dem Brautpaar überreicht und das Brautpaar muss einen
Walzer unter dem Schirm tanzen.

Klassischer Schleiertanz

Material:

• der Schleier der Braut,
  wenn sie einverstan-
  den ist

Zum Ende der Feier begeben sich alle unverheirateten Paare
zusammen mit dem Brautpaar auf die Tanzfläche. Das
Brautpaar steht in der Mitte, und über ihnen wird der Schleier
ausgebreitet, den alle anderen halten.
Wenn die Musik beginnt, tanzt das Brautpaar, und alle anderen
Paare drehen sich im Kreis darum herum. Hört die Musik auf,
ziehen alle kräftig am Schleier, bis er zerreißt. Das Paar, welches das größte Stück des Schleiers ergattert hat, wird dem
Brauchtum nach als nächstes heiraten.

Klingender Schleiertanz

Material:

• der Schleier der Braut, wenn sie einverstanden ist

Zum Ende der Feier wird der Schleier von vier großen Personen hochgehalten, sodass ein Dach entsteht. Das Brautpaar beginnt nun, darunter zu tanzen. Dann kann jeder männliche Gast gegen einen kleinen Obolus, den er oben auf das Schleierdach legt, so lange mit der Braut tanzen, bis der nächste Anwärter eine kleine Spende abgibt. Gleiches gilt natürlich für alle Frauen, die mit dem Bräutigam tanzen möchten.

Das Geld auf dem Schleier erhält am Ende das Brautpaar als Zuschuss zur Hochzeitsreise.

Cinderella-Tanz

Material:

• keins

Jede Frau zieht einen Schuh aus und legt ihn in die Mitte der Tanzfläche. Dann sind die Männer dran und dürfen sich aus dem aufgetürmten Schuhberg einen Schuh aussuchen.

Wenn jeder Mann die Besitzerin des von ihm ausgesuchten Schuhes gefunden hat, tanzen die so entstandenen Pärchen einen schönen Walzer.

Orangentanz

Material:

• mehrere Orangen

Mehrere Paare müssen ohne Zuhilfenahme der Hände mit einer Orange zwischen der Stirn zur Musik tanzen. Wer die Orange verliert oder die Hände zu Hilfe nimmt, scheidet aus. Das Paar, welches zum Schluss übrig bleibt, gewinnt.

Schlüsseltanz

Material:

• eine Kiste mit
  Vorhängeschloss
• ein Geschenk

Ein Geschenk für das Brautpaar wird in einer Kiste mit einem Schloss deponiert.

Dem Brautpaar wird nun die Kiste, jedoch ohne passendem Schlüssel, überreicht. Der Schlüssel ist bei irgendeinem Gast versteckt und wird nur gegen einen Tanz dem Brautpaar übergeben.

Das Brautpaar muss nun so lange mit verschiedenen Gästen tanzen, bis es den Schlüsselträger erwischt hat und endlich den Schlüssel zur Kiste erhält.

Kissenwalzer

Material:

• viele kleine Kissen
  (40 x 40 cm)

Wählen Sie mindestens sechs Paare aus. Jedes Pärchen muss beim Tanz ein Kissen zwischen seinen Bäuchen festhalten, darf es jedoch nicht mit den Händen berühren. Alle Paare tanzen nun zum Beispiel zu einem schnellen Walzer. Wer sein Kissen verliert, scheidet aus.

Gutscheine und Wünsche
für das Brautpaar

Schenken Sie dem Brautpaar auch für die
Tage und Wochen nach der Hochzeit, die
meist viel zu schnell vorbei ist, kleine
Nettigkeiten und liebe Wünsche.

Ein Hochzeitskalender vor dem Fest

Material:

• zehn kleine Gutschei-
  ne oder Geschenke

• Material, das man
  zum Basteln eines
  Adventskalender
  braucht

Beispiele für Gutscheine und Geschenke:
• Gutschein über eine Entspannungsmassage
• Gutschein für einen gefüllten Kühlschrank nach den
  Flitterwochen
• Gutschein für einmal Haare frisieren
• ein Energieriegel
• Baldriantabletten

Basteln Sie aus den Gutscheinen oder Geschenken eine Art
Hochzeits-Adventskalender, bei dem das Brautpaar an den letzten zehn Tagen vor der Hochzeit je ein Päckchen öffnen darf.

Wäscheleine mit Wünschen

Material:

- viele vorbereitete Gutscheine bzw. Wunschzettel
- zwölf große Briefumschläge
- eine Wäscheleine
- zwölf Wäscheklammern

Beschriften Sie die zwölf Umschläge mit den Monaten Januar bis Dezember, und hängen Sie sie an der Wäscheleine im Raum auf. Bitten Sie die Gäste, nette Überraschungen oder Wünsche auf die vorbereiteten Gutscheine bzw. Wunschzettel zu schreiben. Die Gäste stecken die Zettel dann in die vorbereiteten Umschläge an der Wäscheleine. Zum Ende der Hochzeitsfeier werden die Umschläge zugeklebt und dem Brautpaar feierlich überreicht.

Das Brautpaar darf nun ein Jahr lang jeden Monat einen Umschlag öffnen und sich an den Gutscheinen oder Wünschen erfreuen.

Kiste weitergeben

Material:

- eine hübsche Schachtel oder ein beklebter Schuhkarton
- 13 kleine Schachteln, z. B. leere Zigarettenschachteln
- Geschenkpapier
- 13 kleine Karten

Vorbereitung:
Beschriften Sie zwölf der Karten mit jeweils einem Monat und einer Aufgabe, die ein Gast für das Brautpaar erledigen muss, z. B. Balkonkästen bepflanzen im März oder Adventskranz basteln im November. Die 13. Karte wird mit einer Aufgabe versehen, die das Brautpaar erledigen muß. Die Karten werden nun in die kleinen Schachteln gesteckt und nochmal hübsch eingewickelt.

Durchführung:
Der Karton mit den 13 Schachteln wird so lange von einem Gast zum nächsten herumgereicht, bis die Musik eine Pause macht. Wer den Karton gerade in den Händen hält, muss eine Schachtel ziehen und den Gutschein einlösen. Das Spiel geht weiter, bis alle Schachteln verteilt sind.

Gutscheine von den Gästen

Material für alle Spielvarianten:
- vorbereitete Gutscheine
- viele Kugelschreiber

Vorbereitung für alle Spielvarianten:
Basteln Sie viele, möglichst bunte Gutscheine mit der Aufschrift:
Vorderseite: Gutschein über _____
Rückseite: einzulösen bei   _____

Durchführung für alle Spielvarianten:
Verteilen Sie die Gutscheine zu Beginn der Feier an möglichst viele Gäste und bitten Sie darum, dass sie sich »Nettigkeiten« für das Brautpaar ausdenken – z. B. einmal Babysitten, Auto waschen, ein Kinobesuch, einmal Fenster putzen – und diese auf den Gutscheinen notieren. Die Gutscheine werden dann eingesammelt und im Lauf der folgenden Spielvarianten weiter verwendet.

Variante: Dart spielen

Material:
- drei Dartpfeile
- Reißzwecken
- eine große Styroporplatte
- dicke Filzschreiber

Vorbereitung:
Malen Sie auf die Styroporplatte ein großes Herz, und schreiben Sie die Namen des Brautpaares darüber.

Durchführung:
Sammeln Sie die Gutscheine ein und pinnen Sie sie in das Herz auf der Styroporplatte. Das Brautpaar darf nun (je drei Mal) mit den Pfeilen versuchen, sich Gutscheine zu erwerfen. Alle getroffenen Gutscheine müssen dann auch innerhalb eines Jahres eingelöst werden.
Um den Reiz zu erhöhen, können Sie auch vereinbaren, dass ein Treffer als Einladung vom Brautpaar an das Gästepaar gilt.

Variante: Dosen werfen

Material:
- leere Konservendosen
- ein Tennisball

Durchführung:
Die Gutscheine werden in die leeren Dosen verteilt und die Dosen als zwei Pyramiden gestapelt. Braut und Bräutigam dürfen nun mit je drei Würfen die beiden Pyramiden zum Einsturz bringen. Alle umgefallenen Dosen werden geleert, und die darin enthaltenen Gutscheine dürfen vom Brautpaar eingelöst werden.

Variante: Schwimmflossen-Tanz

Material:
- Luftballons
- zwei Paar Schwimmflossen
- Stoppuhr oder Uhr mit Sekundenzeiger

Durchführung:
Die Gutscheine werden gerollt und in Luftballons gesteckt, die aufgepustet werden. (Das geht leichter, wenn Sie die Luftballons vorher schon einmal aufblasen und leeren!) Das Brautpaar muss nun mit den Schwimmflossen an den Füßen tanzen und dabei innerhalb einer festgelegten Zeit die Ballons kaputttreten. Die Gutscheine aus den zerstörten Ballons dürfen sie einlösen.

Wochen-Post

Material:

- 52 Postkarten, z. B. Gratis-Postkarten aus Gaststätten
- Wäscheleine
- Wäscheklammern

Die Postkarten werden für das erste Ehejahr mit den Wochennummern beschriftet.

Die Karten werden quer durch den Saal an der Wäscheleine aufgehängt. Bitten Sie die Gäste nun, sich eine oder mehrere Postkarten abzunehmen und dem Brautpaar dann zu der vorgegebenen Woche mit einem netten Gruß zuzuschicken.

So erhält das Brautpaar ein Jahr lang wöchentlich Post von den Gästen des Hochzeitsfestes.

Luftballon-Post

Material:

- viele Blanko-Postkarten
- Briefmarken
- mit Helium gefüllte Luftballons
- Schnur

Beschriften Sie die frankierten Postkarten mit der Adresse des Brautpaares und einem kleinen Vermerk, z. B. »Diese Postkarte wurde auf der Hochzeit von Maria & Frank am 15. 05. 2003 in Neumünster mit einem Luftballon verschickt – bitte senden Sie die Karte mit einem Gruß und dem Fundort des Ballons an das Brautpaar zurück!«

An jeden Ballon wird eine Postkarte gebunden, dann steigen die Luftballons in den Himmel. Sicherlich bekommt das Brautpaar in den nächsten Tagen oder Wochen aus dem einen oder anderen Ort einen netten Gruß.

Andenken für das Brautpaar

Neben Fotos oder einem Video der
Hochzeit können Sie auch gemeinsam
mit der ganzen Hochzeitsgesellschaft
ganz persönliche und einmalige
Erinnerungsstücke schaffen. Das
Brautpaar hat so noch nach Jahren ein
tolles Andenken an seinen großen Tag!

Ein Gemälde

Material:

- ein Poster eines Gemäldes
- zwei Pappen in Größe des Posters
- Buntstifte

Tipp: Das Bild wird noch schöner, wenn Sie Acrylfarben und eine richtige Leinwand verwenden. Sorgen Sie dann für einen Kittel, um die Kleider der Gäste zu schützen.

Vorbereitung:

Besorgen Sie sich ein Poster eines möglichst grafisch gemalten Gemäldes, in dem nicht zu viele verschiedene Farbtöne verwandt wurden, z. B. von Miró, Picasso, Kandinsky. Kleben Sie das Poster zuerst auf die eine Pappe, und zerschneiden Sie es dann in viele Quadrate.

Die zweite Pappe unterteilen Sie nun mit einem Bleistift in die gleichen Quadrate und nummerieren sowohl die zerschnittenen Posterteile (auf der Rückseite) als auch die Quadrate mit den gleichen Nummern.

Durchführung:

Die leere Pappe wird mit den Stiften auf einem separatem Tisch oder in einer Staffelei aufgestellt. Jeder Gast erhält nun eine nummerierte Pappkarte, auf der ein Stück des Gemäldes zu sehen ist, und soll dieses an der gekennzeichneten Stelle auf die leere Pappe malen.

So entsteht nach und nach ein von allen Gästen gemaltes Abbild des Originals. Und das Brautpaar wird sich das Bild hinterher sicherlich als ewige Erinnerung an seine Hochzeit aufhängen.

Fingerfarbenbild

Material:
- wasserlösliche Fingerfarben
- eine weiße Leinwand

Alle Gäste werden aufgefordert, mit den Fingerfarben etwas auf die Leinwand zu malen. Das Gesamtkunstwerk kann unter einem bestimmten Motto stehen, z. B. Wünsche an das Brautpaar oder ein bestimmtes Hobby der Brautleute.

Memory

Material:
- dicke Pappe
- ggf. Folie zum Bekleben
- Filzstifte
- eine schöne Schachtel

Vorbereitung:
Die Pappe sollte auf einer Seite weiß sein und auf der Rückseite einheitlich farbig. Evtl. müssen Sie die Rückseite mit Folie bekleben. Schneiden Sie jetzt die Pappe – am besten mit einer Papierschneidemaschine – in viele gleich große, quadratische Memory-Karten.

Durchführung:
Bitte Sie alle Gäste, jeweils zwei Memory-Karten möglichst identisch zu bemalen und mit ihren Namen zu versehen. Für nicht so Kreative können Sie auch eine Vorlage mit Motiven zum Abmalen bereithalten.
Später werden die Karten wieder eingesammelt und in der Schachtel dem Brautpaar überreicht.

Kalender

Material:

- zwölf Monats-Kalenderblätter oder 52 Wochen-Kalenderblätter (Sie können Blanko-Bastelkalender auseinandernehmen oder mit dem Computer selber entwerfen)

Schicken Sie im Vorfeld an jeden Gast oder an jedes Gästepärchen ein vorbereitetes Kalenderblatt mit der Bitte, es individuell zu gestalten.

Die Gäste können zum Beispiel etwas schreiben, malen, Collagen anfertigen oder auch nur ein Foto einkleben. Setzen Sie einen Termin, an dem Sie die Ergebnisse wieder zurück haben wollen, denn zur Feier vergessen die meisten dies leider. Wenn nicht alle Rücksendungen rechtzeitig da sind, können Sie manchmal die fehlenden Blätter noch am Tag der Feier fertigstellen lassen.

Den fertigen Kalender überreichen Sie dann am Tag der Hochzeit feierlich dem Brautpaar. Am schönsten ist es, wenn der Kalender in der Woche oder dem Monat nach der Hochzeit beginnt und bis zum ersten Hochzeitstag geht.

Babybilder-Album

Material:

- viele Fotos aus der Kindheit des Brautpaares
- ein Fotoalbum

Stellen Sie für die Brautleute ein Album als Rückblick auf ihr bisheriges Leben zusammen. Vielleicht lassen Sie einige Parallelen erkennen, wie z. B. ein identischer Schulranzen. Würzen Sie das Album mit ein paar lustigen Sprüchen und Geschichten!

Hochzeitskochbuch

Material:

- ein Album oder ein Ringbuch

Bitten Sie alle Gäste vor dem Fest, ihr Lieblingsrezept aufzuschreiben, mit einer Widmung zu versehen und Ihnen rechtzeitig vor der Feier zuzuschicken.

Heften Sie die Rezepte zu einem schönen Album zusammen, und überreichen Sie es dem Brautpaar auf der Hochzeit.

Was ist in zehn Jahren?

Material:

- eine Flasche guter, lagerfähiger Rotwein
- eine Holzkiste, möglichst mit einem Vorhängeschloss
- Zettel
- Stifte

Stellen Sie die Holzkiste samt Inhalt dem Brautpaar und seinen Gästen vor. Die Gäste sollen nun auf die Zettel schreiben, was sie dem Brautpaar alles in den ersten zehn Jahren Ehe wünschen. Diese Zettel werden verdeckt bei Ihnen abgegeben und ungelesen in der Kiste verschlossen.

Das Brautpaar darf diese Kiste erst an seinem zehnten Hochzeitstag öffnen und dann bei einem schönen Glas Rotwein die Wünsche der Hochzeitsgäste von einst lesen.

Pinnwand basteln

Material:
- eine Pinnwand
- Pinnnadeln
- einige alte Krawatten
- einige Scheren

Das Gedicht sollte von einigen Männern vorgetragen werden, die vorher heimlich ihre echten Krawatten gegen die mitgebrachten alten ausgetauscht haben. Beim Vortrag schneiden sie sich dann zum Schrecken aller männlichen Gäste die Krawatten ab und pinnen diese an die Pinnwand.
Jeder Gast soll im Laufe der Feier einen persönlichen Gegenstand an die Pinnwand heften. Es kommen da lustige Sachen zusammen, z. B. alte Eintrittskarten, Kopfschmerztabletten, ein Kamm usw.
Die Wand wird dem Brautpaar dann am Ende der Feier als Erinnerungsstück überreicht.

Liebes Hochzeitspaar, meine Herren und Damen,
ihr seht hier einen fast leeren Rahmen.
Ich nehme an, ein jeder hier denkt,
die haben euch aber was Fades geschenkt!

Doch damit ihr's wißt, nur den Anfang ihr seht,
alles Weitere in eurem Belieben steht.
Ach, liebe Freunde, zeigt nun, wie wir's gedacht,
liebes Brautpaar und Gäste gebt gut acht:

Nehmt hier die Schere, macht einfach schnips
und opfert ein Stück von eurem Schlips.
Doch hier nun daneben fehlt noch von euch,
ein Erinnerungsstück, das bringt uns sogleich!

Ein Spängchen aus schönem Damenhaar,
oder die Schnalle von euren Schuhen sogar.
Ein Ohrgehänge wär das Paar schon wert,
eines, dass schon seit Stunden euch stört.

Selbst Stücke von Socken würden wir nehmen,
wenn sie von sauberen Füßen kämen!
Auch Wäschefetzen aus intimen Bereichen
schaffen Erinnerungen ohnegleichen.

Und nun ihr Lieben, seid kreativ,
lasst walten eure Geister, die ich hier rief.
Nicht nur die Jugend, nicht nur die Alten,
gemeinsam wollen wir die Collage gestalten.

Ihr bringt eure Gaben dem Hochzeitspaar her,
bemüht euch ein bisschen, es ist ja nicht schwer,
und denkt euch besondere Dinge aus,
denn ohne Pfand kommt keiner hier raus!

Und nun an die Arbeit, jetzt geht es los,
wir hoffen, die Pinnwand wird ganz famos!
Wir stellen hier auf das gute Stück,
erst heute Abend bekommt ihrs zurück.

Und wenn sie bei euch dann irgendwo hängt,
wisst ihr, dass ein jeder hier gerne denkt
an das für euch schönste aller Feste
und wünscht für die Zukunft das Allerbeste.

Gästebuch – auch mal anders

Material:
- Fotoalbum
- Buntstifte
- ggf. Fotoapparat oder Polaroidkamera
- ggf. alter Bilderrahmen

Geben Sie ein Gästebuch herum, in dem sich jeder Gast verewigen kann.

Besonders gut kommt es an, wenn Sie zu Beginn der Feier jeden Gast fotografieren (am besten mit einer Polaroidkamera). Dann kann zu den Einträgen gleich ein Foto eingeklebt werden.

Als Blickfang sieht ein schöner alter Bilderrahmen (ohne Bild) hübsch aus, den die Gäste in den Händen halten. Sie schauen dann quasi wie aus einem Bild heraus.

Variante: Blindekuh

zusätzlich benötigtes Material:
- Augenbinde

Lassen Sie die Gäste ein vorgegebenes Motiv – z. B. eine Kirche, einen Igel, ein Schiff – mit verbundenen Augen malen und signieren.

Fotografen-Wettbewerb

Material:
- mehrere Wegwerfkameras

Legen Sie an jedem Tisch eine Wegwerfkamera aus, und animieren Sie die Gäste, damit viele witzige Schnappschüsse zu machen.

Das Brautpaar erhält die abgeknipsten Filme und hat an die einzelnen Tischgruppen eine schöne Erinnerung aus verschiedenen Perspektiven.

Nach der Feier:
Kleine »Freuden«
für das Brautpaar

Vielfach ist es Sitte, während der
Hochzeitsfeierlichkeiten die Wohnung des
Brautpaars etwas auszugestalten, sodass
das Brautpaar ein paar nette oder auch
gemeine Überraschungen in der
Hochzeitsnacht vorfindet.
Besorgen Sie sich vorher heimlich einen
Schlüssel zur Wohnung der Brautleute und
überlegen Sie, wann Sie während der
Hochzeit, ggf. mit ein paar Helfern, die
kleinen Gemeinheiten erledigen können.
Bei allen Aktivitäten sollten Sie jedoch
unbedingt darauf achten, dass nichts
wirklich beschädigt wird. Denn das findet
das Brautpaar dann nicht mehr zum
Lachen ...

Wasser-Spaß

Material:
- 100 Pappbecher

Füllen Sie die Pappbecher mit Wasser und stellen Sie alle nebeneinander im Flur auf. Das Brautpaar muss dann erst alle Becher entleeren, bevor es in die Wohnung darf.

Wackelpudding

Material:
- Götterspeise
- Schneebesen

Schließen Sie die Tür zum Schlafzimmer ab. Rühren Sie im Handwaschbecken im Bad die Götterspeise an, und versenken Sie den Schlüssel zur Schlafzimmertür darin.

Luftige Betten

Material:
- ca. 40 Luftballons
- Ballonpumpe

Nehmen Sie die Bettdecken aus den Bezügen und verstecken Sie sie. Die Bettbezüge füllen Sie mit vielen aufgeblasenen Luftballons.

Guten Morgen!

Material:
- mehrere Wecker

Stellen Sie alle Wecker mit einer anderen Weckzeit ein, und verstecken Sie sie im Schlafzimmer des Brautpaares.

Goldfischzauber

Material:
- Goldfische oder andere Zierfische

Füllen Sie die Badewanne mit Wasser, und setzen Sie ein paar Goldfische darin aus. Das sollten Sie jedoch nur machen, wenn das Brautpaar eine Möglichkeit hat, die Fische später entsprechend unterzubringen.

Blumiges WC

Material:
- eine Topfpflanze
- eine große Plastiktüte

Legen Sie das Toilettenbecken mit der großen Tüte aus, und füllen Sie sie mit Erde. Pflanzen Sie die Pflanze dann ins Toilettenbecken und schließen Sie den Deckel.

Die Handwerker waren da!

Material:
- Malerfolie, Gips, Ziegelsteine
- Eimer, Werkzeug

Legen Sie den Eingangsbereich der Wohnung mit Folie aus, und decken Sie ggf. auch einige Möbel damit ab. Streuen Sie etwas Gips auf die Folie, und dekorieren Sie die restlichen Utensilien wie auf einer Baustelle.

Auto-Mumie

Material:
- ca. zehn Rollen
  Toilettenpapier

Wickeln Sie das Auto des Brautpaars mit Toilettenpapier ein und feuchten Sie es dann etwas an.

Starke Mauern

Material:
- ca. 100-300
  Telefonbücher
- Kleister
- Pinsel

Mauern Sie die Wohnungseingangstür oder die Schlafzimmertür mit den Telefonbüchern zu – am besten während der Umtauschaktion der Post sammeln! Wenn Sie es nicht bis ganz oben schaffen, sollte zumindest das Schlüsselloch verdeckt sein.

Übersicht über Material-, Zeit- und Arbeitsaufwand einzelner Spiele

Die nachfolgende Tabelle soll Ihnen die Auswahl und Planung der Aktivitäten erleichtern. Sie erhalten einen kurzen Überblick, wie aufwändig die Vorbereitungen im Vorfeld der Feier sind, wie hoch der Materialaufwand ist, wie viel Zeit ein Vortrag oder ein Spiel in Anspruch nimmt und für wie viele Mitspieler es geeignet ist. Ist ein Feld leer, wird kein Material benötigt bzw. bedarf es keiner Vorbereitung. Die Spieldauer richtet sich natürlich auch nach der Anzahl der Mitspieler bzw. Gäste und ist daher nur als Zirkawert (x = gering, xxx = hoch) angegeben.

Spiel	Seite	Vorberei-tungszeit	Material-aufwand	ca. Anzahl Mitspieler	Spiel-dauer
Wer wird Liebes-Millionär?	20	xx	x	Brautpaar	xxx
Quiz 1, 2 oder 3	24	xx	x	6 (+Helfer)	xx
Dalli Klick	26	xxx	xx	6	xx
Montagsmaler	27	x	x	10	xxx
Begriffe raten	28	x	x	4	xx
Glücksrad	29	x	x	4 (+Helfer)	xx
Die Reise nach Jerusalem	30	x		8	xx
Variante: Strafe muss sein	31	x	x	8	xx
Die Kirchenmaus bei der Hochzeit	31			9	xx
Die Märchenkutsche	34			9	xx
Variante: Aufstehen mit anderen Aufgaben	36			9	xx
Blindes Vertrauen	37		x	12	x
Löffelwettlauf	37		x	10	x
Schwanensee-Ballett	38	xx	x	8	xx
Das Bettlaken-Herz	48	xx	x	Brautpaar	x
Baumstamm sägen	49	x	xx	Brautpaar	x
Gläserklingeln	49			alle	x
Rosen sammeln	49		x	Brautpaar	x

Spiel	Seite	Vorbereitungszeit	Materialaufwand	ca. Anzahl Mitspieler	Spieldauer
Geschenkschnur zum Auspacken	50	xx	xxx	Brautpaar	xxx
Hochzeitsquiz	51	xx	x	alle	x
Ehe-Eignungstest	52	x	x	Brautpaar	xx
Variante: Frische Liebe gegen altes Glück	53	x	x	4	xx
Übereinstimmungs-Quiz	54	x	x	Brautpaar	xx
Variante: Mit Geldvernichtung	55	xx	xx	Brautpaar	xx
Fotoshow	56	xxx	xxx	alle	xx
Ehefesseln	57	x	xx	Brautpaar	x
Am laufenden Band	57	xxx	xx	Brautpaar	xx
Tierisches	58		x	Brautpaar	x
Nudelholz	60		x	Brautpaar	x
Vorstellung der Gäste I	62	xx		alle	xx
Vorstellung der Gäste II	63	xx		alle	xx
Wer ist eigentlich heute hier?	66	x		alle	x
Variante: Kennt das Brautpaar seine Gäste?	67	x		alle	x
Statistische Erhebung	68		x	alle	x
Geschlechter-Wettkampf	69		xxx	8	xxx
Goldwäsche	70	xx	xxx	10	xxx
Variante: Zeit ist Geld	70	xx	xxx	Brautpaar	xxx
Herzbuben	71	x	xx	6	xx
Hände ertasten	71			5	x
Bierdeckel-Model	72		x	10	xx
Strumpfband versteigern	73			alle	xx
Mumien wickeln	74		x	10	xx
alle Lieder	76-82			alle	x
Ausnahme: Rundgesang	77	x		alle	x
Gemeinsamer Tanz nach Aufforderung	84	x	x	alle	xx
Nachtmützentanz	88		x	Brautpaar	x
Regenschirm-Tanz	88		x	Brautpaar	x

Spiel	Seite	Vorbereitungszeit	Materialaufwand	ca. Anzahl Mitspieler	Spieldauer
Klassischer Schleiertanz	88			Brautpaar+ Paare	x
Klingender Schleiertanz	89			alle	x
Cinderella-Tanz	89			alle	xx
Orangentanz	89		x	12	xx
Schlüsseltanz	90		x	alle	x
Kissenwalzer	90		x	12	x
Ein Hochzeitskalender vor dem Fest	92	xxx	xx	Brautpaar	x
Wäscheleine mit Wünschen	93	x	x	alle	x
Kiste weitergeben	93	xx	x	alle	x
Gutscheine von den Gästen:	94				
Variante: Dart spielen	94	xx	xx	alle	xx
Variante: Dosen werfen	95	x	x	alle	xx
Variante: Schwimmflossen-Tanz	95	x	xx	alle	xx
Wochen-Post	96	x	x	alle	x
Luftballon-Post	96	xxx	xx	alle	x
Ein Gemälde	98	xx	xxx	alle	xx
Fingerfarbenbild	99	x	xx	alle	xx
Memory-Spiel	99	xxx	xx	alle	xx
Kalender	100	x	x	alle	xx
Babybilder-Album	100	xxx	xx	Brautpaar	
Hochzeitskochbuch	101	xx		Brautpaar	
Was ist in zehn Jahren?	101	x	xx	alle	x
Pinnwand basteln	102	x	x	alle	xx
Gästebuch – auch mal anders	104	x	xx	alle	x
Variante: Blindekuh	104	x	x	alle	x
Fotografen-Wettbewerb	104		xx	alle	x

Endlich ein umfassender Ratgeber für das Brautpaar des 21. Jahrhunderts!

Sarah Manson, Alisa Petchey
Heiraten!
Alles, was Ihren großen Tag
noch schöner macht
192 Seiten, 200 Farbfotos
21,5 x 29,5 cm
ISBN 3-332-01383-1

Dieses Buch hilft, die wundersame Zeitspanne von der Verlobung zu den Flitterwochen entspannt zu genießen. Es erleichtert die Organisation aller Details und bietet eine Fülle von fantasievollen Tipps für außergewöhnliche Hochzeitsfeiern.